# 命の救援電車

大阪大空襲の奇跡

坂 夏樹
Saka Natsuki

さくら舎

目次◆命の救援電車


序　章　大空襲の夜、地下鉄が走った

被災地に響くレールの音　12

「火の海の大阪　地下鉄が救う」に迫る　16

第1章　歴史に埋もれた「謎の救援電車」

戦前の商都を支えた大動脈「地下鉄御堂筋線」　24

戦時下では10代の子どもが運転士に　28

「大空襲の最中、電車を走らせるだろうか」　32

3時間半で大阪を焼け野原にした深夜の大空襲　35

市民の5人に1人が被災、浪速区の人口は96％減　39

徹底して燃やされた戦時中の公文書　44
敗戦直後にクビになった10代の職員たち　49
「通りは遺体の山でした」14歳の地下鉄駅員　50
10代少女たちが働いた天王寺駅　52
焼夷弾の雨は市電も襲った　54
猛火の御堂筋から電車で逃げた女性　57
「上は火の御堂筋、地下には電気がついていた」　61
空襲時には第三軌条への送電を止めるはずでは？　65

## 第2章　あの日、何があったのか——証言が語る大空襲下の希望の光

記事に埋め込んだ小さな「仕掛け」　70
続々と集まる「救援電車に乗った」証言　71
▼間違いなく地下鉄のおかげ【心斎橋→天王寺】　72
▼午前4時～5時頃乗った【心斎橋→梅田】　72

▼「電車が来る」と駅員の声【心斎橋→梅田】 73
▼よくぞ走らせてくださった【心斎橋→梅田】 74
▼このままではみんな死んでしまう【心斎橋→梅田】 75
▼駅員が「梅田のほうは大丈夫」【心斎橋→梅田】 76
東京では厳禁だった地下鉄への避難 78
大空襲直後に「一番電車」が走ったのか 81
▼「火が地下にも入った」と父【心斎橋→梅田】 82
▼猛火の中を逃げ回った末に【本町→難波】 82
▼改札もホームもすいていた【心斎橋→梅田】 84
▼警官が「ついてきなさい」【心斎橋→梅田】 84
▼駅員が「初発電車が来る」【心斎橋→梅田】 86
戦時下、運行ダイヤはあってなきがごとし 88
「謎」解明の決め手は心斎橋 92
▼地上の地獄がウソのよう【心斎橋→梅田】 93
▼構内はトイレの水洗も出た【心斎橋→天王寺】 94

▼警防団が「地下鉄が動く」【心斎橋→梅田】 95
▼地下通路にも煙が充満【心斎橋→梅田】 95
▼大丸百貨店も燃え出した【心斎橋→梅田】 96
「回送として動かしたかもしれない」という駅員証言 97
職員のお迎え電車が走ったのか？ 100
防空要員電車が走ったのか？ 103
初発電車が走ったのか？ 107
▼イチョウ並木がすべて燃えた【心斎橋→梅田】 108
▼煤だらけの顔、脅威の目【心斎橋→梅田】 109
▼炎の竜巻、火の粉の熱風【心斎橋→梅田】 110
▼憲兵が誘導してホームへ【心斎橋→梅田】 112

第3章 命を運んだ電車は3本あった——見えてきた救援電車の全貌

運転を途中で打ち切った最終電車があった 118

「当日は『停電するな』という指示がありました」 122
救援電車が来なかった駅 126
最初に焼夷弾が炸裂した浪速区と大国町駅周辺 128
▼浪速区役所の当直日誌 129
空襲の猛火に追われ逃げ込んだ大国町駅 133
▼駅員に怒声浴びせた【大国町】 133
▼電車来たら絶対乗っていた【大国町】 137
▼初発には〝普通〟の人たち【大国町】 138
▼緊急時には地下鉄動く【大国町】 140
救援電車1本目は「心斎橋発梅田行き」 143
猛火、熱風、炎の竜巻の心斎橋 145
▼大丸の地下室に1000人、地下鉄が頼り【心斎橋】 146
▼火の塊が次々と飛んできて……【心斎橋】 147
▼自宅は焼けないと信じていた【心斎橋】 150
▼地下に入ると煙でやられる【心斎橋】 151

救援電車は3本走っていた 153
地下鉄研究「うちわ持参で避難せよ」 158
憲兵が避難禁止の地下鉄に誘導 162
「人々を安全な場所まで運びたい」という思い 164

## 第4章　戦時地下鉄、ベールの向こう側

猛火の下で新たな命も運んでいた 168
救援電車とニアミスしていた「バタヤン」 173
大阪大空襲を予告した佐藤栄作 178
車庫は「駅」、検車場も「駅」 185
巨大備蓄倉庫だった地下鉄の駅 188
やっぱり横暴だった軍人 191
▼死体を上げてただちに運転しろ 191
▼急いでいるから駅を通過しろ 193

## 第5章　戦争に翻弄された少年少女たち

乗客、車両を命懸けで守った10代の職員たち　198
空襲下、路上の市電内にとどまった少年運転士　201
「こんな小さい子どもが運転して大丈夫かいな」　205
ノミのいる座席に新聞紙を敷いて仮眠した少女駅員　208
10代の乗務員には過酷な現場　210
卒業式の前夜を襲った大空襲　213
じろじろ見られた煤だらけの顔　214
火勢にあおられ人が次々倒れていった　216
「これが地獄かなあ」　218
「子どもたちと本当のお別れになってしまいました」　220

あとがき　226

※文中に登場する組織名、肩書などは特に注釈がない限り、１９９７年当時のものです。また、登場するみなさんの敬称は省略いたします。

# 命の救援電車

——大阪大空襲の奇跡

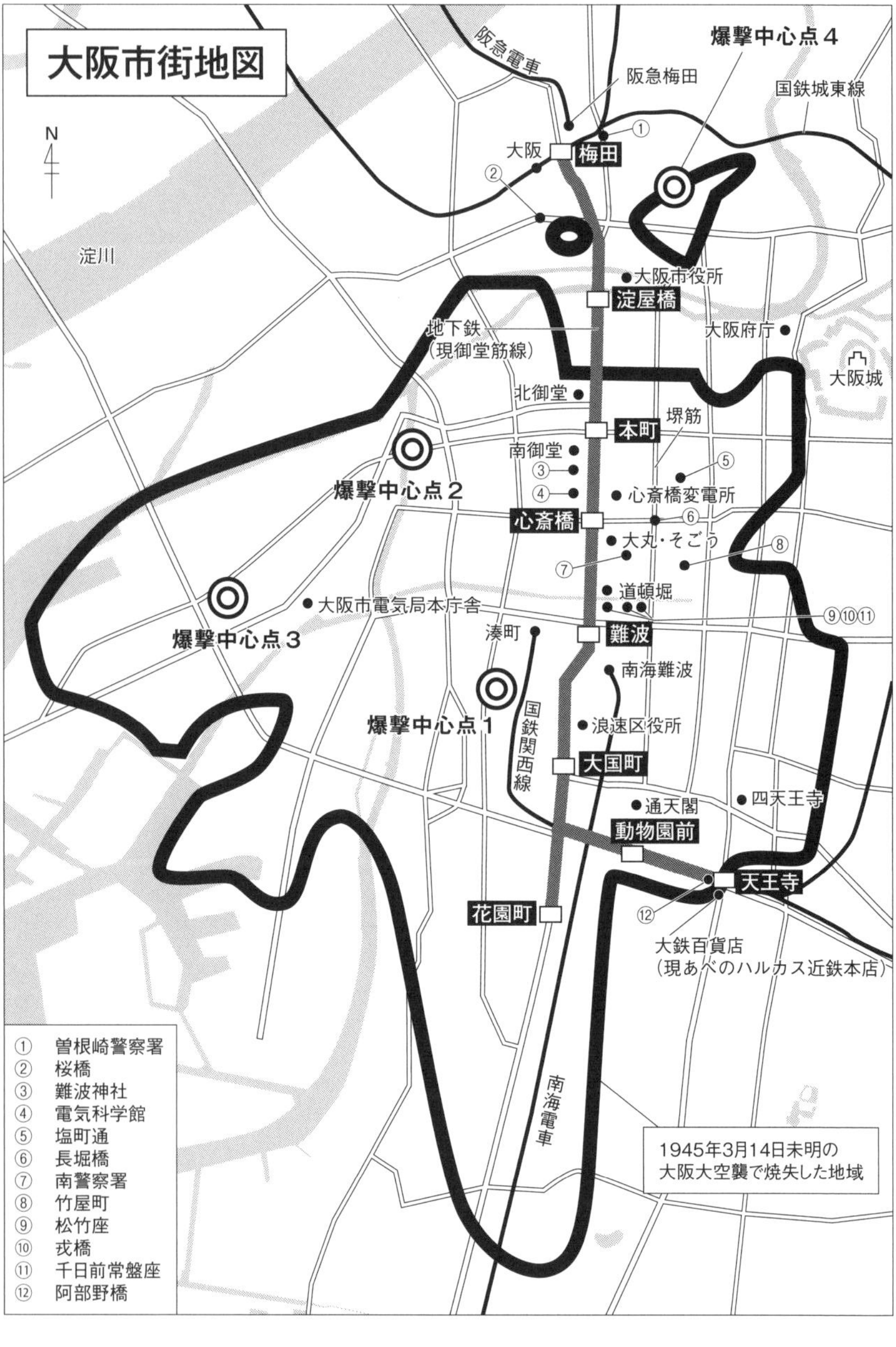
大阪市街地図
N
阪急電車
阪急梅田
爆撃中心点４
国鉄城東線
大阪
梅田
淀川
大阪市役所
淀屋橋
地下鉄
（現御堂筋線）
大阪府庁
大阪城
北御堂
本町
堺筋
南御堂
爆撃中心点２
心斎橋変電所
心斎橋
大丸・そごう
道頓堀
大阪市電気局本庁舎
爆撃中心点３
湊町
難波
南海難波
国鉄関西線
爆撃中心点１
浪速区役所
大国町
通天閣
四天王寺
動物園前
天王寺
花園町
大鉄百貨店
（現あべのハルカス近鉄本店）
南海電車
①　曽根崎警察署
②　桜橋
③　難波神社
④　電気科学館
⑤　塩町通
⑥　長堀橋
⑦　南警察署
⑧　竹屋町
⑨　松竹座
⑩　戎橋
⑪　千日前常盤座
⑫　阿部野橋
1945年3月14日未明の
大阪大空襲で焼失した地域

# 序　章　大空襲の夜、地下鉄が走った

## 被災地に響くレールの音

原子爆弾が投下され、地上の生命が消えてしまった広島で起こった一つの奇跡だったかもしれない。

爆風と熱線と放射能ですべてが破壊された死の街で、被爆からわずか3日後に走りはじめた路面電車。

残留放射能が漂い、多数の遺体が横たわり、まだ残り火があちらこちらに見られるなか、線路上の瓦礫《がれき》を取り除き、架線《かせん》を張り直し、被害をまぬかれた車両を決死の思いで回送させた職員を忘れてはならない。

絶望のどん底に突き落とされた被爆者が、路面電車の力強い響きにどれだけ励まされたことだろう。

戦災とは少し異なるかもしれないが、阪神大震災で大きな被害を受けた神戸でも同じような光景があった。

激震から1ヵ月後、JR線が神戸市中心部での運行をはじめた。

倒壊した家屋の残骸《ざんがい》や、ブルーシートの屋根が果てしなくつづくなか、高架線に「ガタンゴトン」と響くレールの音と「ピー」と鳴り渡る電車の警笛《けいてき》……。それらが、復旧作業に疲れ果てていた被災者をどれだけ励ましたことだろう。

戦災にせよ、天災にせよ、大きな被害を受けた被災地を走る電車は不思議な力を持っているのかもしれない。

「大阪大空襲の夜（1945〔昭和20〕年3月14日未明）、地下鉄で救援電車が走って多くの命を救った」

空襲体験が語られるたびに、夏が来るたびに、こんな話が大阪の街に流れた。

焼夷弾《しょういだん》による猛火に追われ、命からがら逃げ込んだ地下鉄駅。

絶望する被災者が、次に聞いたものはホームに滑り込んでくる電車の警笛であり、次に見たものは希望につながる一条の光だったという。

そんなことが本当に大空襲の夜にあったのだろうか。

単なる「空襲伝説」だという人さえいた。

ＮＨＫの朝の連続テレビ小説『ごちそうさん』で、謎の救援電車が取り上げられたのは２０１４年３月のことだ。

『ごちそうさん』は、戦前・戦中の大阪を舞台に、食いしん坊のヒロイン・西門《にしかど》め以子《いこ》の「食」を通じた奔放《ほんぽう》な人生がテーマだった。

め以子の長女ふ久《く》が男児を出産したのは、１９４５年３月13日の夜。時をおかずして、米軍機が来襲し大空襲がはじまった。め以子とふ久は、生まれたばかりの赤ん坊を抱えて、火の海の中を逃げ回った。

いよいよ逃げ場がなくなったとき、満州《まんしゅう》に軍属として送られた夫・悠太郎《ゆうたろう》が書き残した手紙の一節を思い出した。悠太郎は戦前、大阪市の技師として地下鉄建設をになっていた。

「空襲があれば地下鉄に逃げれば安全だ」

め以子は、「規則だから入れることはできない」という駅員を説《と》き伏せて、地下鉄の出入り口のシャッターを開けさせた。

なだれ込むようにホームに逃げ込んだところ、電車が入ってくるではないか。

め以子とふ久、生まれたばかりの赤ん坊は、電車に乗り込んで無事に避難することがで

写真１　大阪地下鉄の当時の車両「100形電車」

きた――。

このシーンは放送後、大きな話題になったという。

「空襲の最中に本当に電車が走ったのか」

「単なるドラマの演出、フィクションではないのか」

人気の朝ドラで流れたのを機に、大阪大空襲の夜に走った「謎の救援電車」はふたたび注目を集めることになった。

『ごちそうさん』のシーンからさかのぼること17年前の１９９７年。

途切れそうになった糸をつなぎ、埋もれそうになっていた証言を少しずつ集めて、「謎の救援電車」に挑《いど》んだ二人の男がいた。敗戦から半世紀以上が過ぎていた。

大空襲の夜に、本当に奇跡は起こったのか。単なる「空襲伝説」のなかの幻《まぼろし》の電車だったのか。

二人の軌跡《きせき》をたどりながら、「謎の救援電車」に迫ってみたい。

## 「火の海の大阪　地下鉄が救う」に迫る

大阪市交通局の職員が所属する大阪交通労働組合（大交）には、公営交通研究所というシンクタンクがあった。大阪市の市営交通は全国で最も古い公営交通ということもあり、労働組合が独自の研究機関を運営していた。

所長は安藤孝《あんどうたかし》。

大阪交通労働組合の副委員長をつとめた安藤は、現場では電気設備の保守に従事していた。退職後は公営交通研究所の専務理事、所長として研究活動に専念していた。

技術畑が長かった安藤は、労働組合の闘士というより、温和で、どこか学究肌の風情《ふぜい》を醸《かも》し出していた。

安藤には固い信念があった。

「交通局職員の基本は、お客さんを安全に目的地まで運ぶこと。人間の命をなによりも大切に考えることだ」

国鉄、電電公社、専売公社をはじめ、国、地方自治体を問わず、公営企業が次々と民営化され、あるいは第三セクターになっていた。大阪市営交通への風当たりも決して弱くはなかった。

「赤字たれ流し」「経営マインド欠落」などと厳しい批判を受ける公営交通の存在意義を、いかに社会にアピールしていくかが、安藤のテーマだった。

大阪市交通局には、１９０３（明治36）年に路面電車の運行を開始して以来、１００年近い歴史があった。「市民の足を守り、乗客の命を守る安全輸送の歴史をたどれば、公営交通の意義が自然と浮き彫りになるはずだ」と歴史を丹念《たんねん》にたどることからはじめた。

安藤の調査研究は、ある時点で行き詰まってしまった。

太平洋戦争だった。

創設期の明治時代でさえ詳細な記録が残り、資料が保管してあるのに、戦時中の資料がほとんど残っていなかったからだ。

敗戦直後に大量の公文書を焼却したという話は伝え聞いていたが、ここまで徹底的になくなっているとは思いもしなかった。

記録がなければ、当時の職員の記憶をたどるしかない。

大阪交通労働組合は、ＯＢやＯＧとのつながりをことのほか大切にしていた。退職者の名簿はあったが、行方がわからなくなっている人が少なくなかった。

加えて、戦時中は出征した職員の穴を埋めるために臨時職員が大量に採用されている。敗戦直後の混乱もあって、そういった臨時職員の行方《ゆくえ》はなかなかつかめなかった。

「命が軽んじられていた時代だったからこそ、命を運んでいた職員の記録をしっかりと残しておきたい」

安藤はそんな思いを胸に、わずかな手がかりをたどって、当時を知る元職員を懸命に探し出そうとしていた。

そんなときに偶然《ぐうぜん》目にしたのが、朝日新聞に掲載された「火の海の大阪　地下鉄が救う」と見出しのついた投書だった。

元京都大学教授の村松繁《むらまつしげる》はこう綴《つづ》っていた。

「1945年3月の大阪大空襲の夜、焼夷弾攻撃の猛火に追われ、駅員の誘導で地下鉄心《しん》斎橋《さいばし》駅に逃げ込んだ。ほどなくトンネルの闇の中から一条の光がさして電車が入線した。それに乗り込んで、無事に梅田《うめだ》まで避難することができた」

村松は「当時の地下鉄関係者の適切な措置《そち》に感謝と敬服の念でいっぱいだ」と結んでいた。

安藤は思った。

「たとえ猛火に襲われた大空襲の真っ最中でも、先輩たちは市民の命を最優先に守ろうと奮闘《ふんとう》した。その事実をなんとしても記録に残しておきたい」

「効率化や合理化ばかりが強調される時代になったけれど、戦時中に、自らのことを顧《かえり》みず、市民の命を守ろうとした職員がいたとすれば、ぜひ真実を解明して現在の職員に知ってもらいたい」

もう一人は毎日新聞大阪本社社会部の記者だった。

松本泉《まつもといずみ》記者。

新聞記者になって10年が過ぎていた。中堅記者といわれる立場だったが、所属する記者クラブや持ち場の取材に追われて「自分らしさ」を出せるような取材になかなかめぐり合えずにいた。

戦争体験者から話を聞いたり、平和運動に取り組む市民団体を取材する機会はあったが、特に平和や戦争に関心が深いというわけではなかった。

そんな松本が、大空襲下に走ったといわれている「謎の救援電車」と出会ったのは、まったくの偶然だった。

その日は、大阪交通労働組合を訪れて、市電が走っていた当時の話をＯＢ職員から聞いていた。取材がすんで、雑談のネタも尽きはじめていた。

話を切り上げて、さあ帰ろうかと腰を上げる寸前に耳にしたのが「謎の救援電車」だった。

「公営交通研究所の安藤さんが、戦時中に走った謎の電車について調べてるんや。なんか知ってることあったら教えてあげてくれへんか」

この後、特に取材の予定はない。

「せっかくだから、ついでに聞いていくか」

松本はあまり深く考えることなく安藤を訪ねた。

「謎の救援電車」を解明する二人三脚がはじまった瞬間だった。

# 第1章　歴史に埋もれた「謎の救援電車」

## 戦前の商都を支えた大動脈「地下鉄御堂筋線」

大阪の地下鉄の歴史は、１９３３（昭和８）年にさかのぼる。梅田―心斎橋間の３・１キロが開業した。

日本初の地下鉄は、大阪で開業した６年前の１９２７（昭和２）年に東京で開通した。現在の東京メトロ銀座線で、東京地下鉄道株式会社が浅草―上野間２・２キロで開業している。

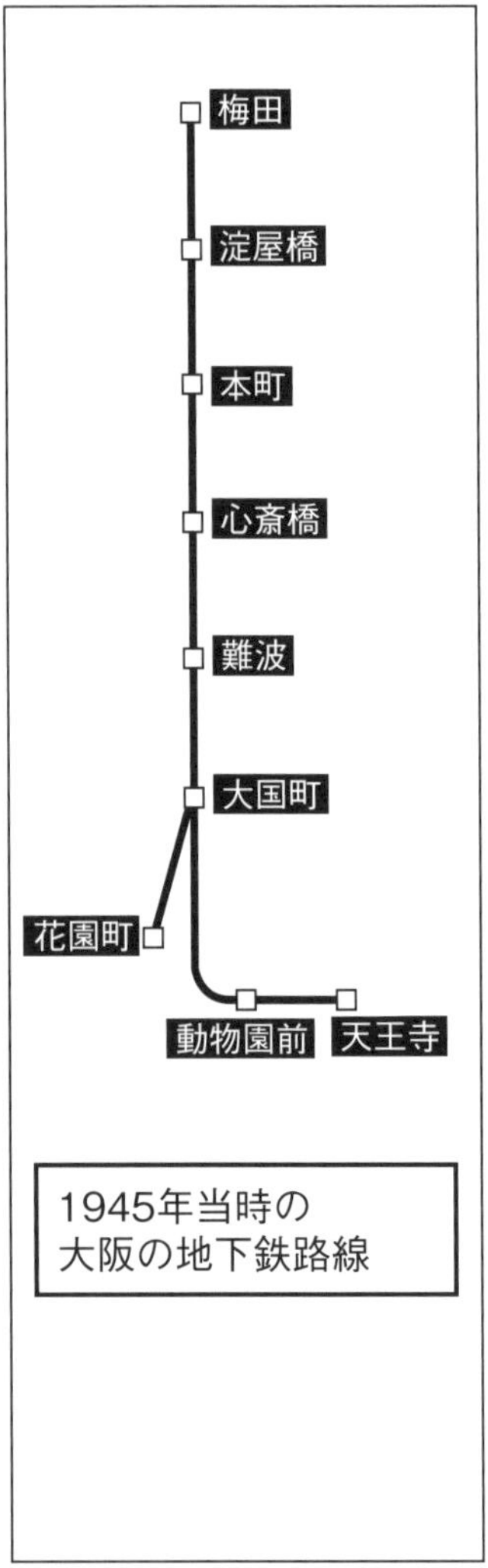

写真２　地下鉄開通のポスター（1933〔昭和８〕年５月20日、梅田―心斎橋間）

大阪の地下鉄は、公営としては日本で初めての開通となった。

名市長とうたわれる第七代大阪市長・関一《せきはじめ》（在職１９２３～35年）が、都市計画事業の一環として完成させたのが市営地下鉄だった。関市長は都市経営に、日本で初めて社会政策を取り入れた。

梅田を中心とした〝キタ〟と、難波《なんば》を中心とした〝ミナミ〟を結ぶメインストリートとして、御堂筋《みどうすじ》を整備した。御堂筋の地下に地下鉄を設けて、いわば「大阪の背骨」にしようとの計画だった。

この時代は、世界恐慌《きょうこう》（１９２９年）をはさんで恐慌がつづいていた。公共事業に莫大な予算をつぎ込めるような時期ではなかった。

しかし関市長は、地下鉄工事を失業対策事業と位置づけ、〝大阪市版ニューディール政策〟とした。

また、工事費を捻出《ねんしゅつ》するために、沿道の土地所有者に費用の一部を負担させた。道路の大幅な拡幅《かくふく》と地下鉄の開通によって、沿道の地価は上昇するのだから、その利益を享受《きょうじゅ》する者が応分の費用を負担すべき、という受益者負担の原則を適用したからだ。

いずれも当時としては画期《かっき》的な手法だった。

昭和の初めまでの大阪のメインストリートは、御堂筋の500メートル東側で南北に走る堺筋《さかいすじ》だった。三越や松坂屋、髙島屋といった老舗《しにせ》百貨店が並び、市電の幹線である堺筋線が走っていた。

一方、御堂筋は道路幅6メートル足らずで、両腕を伸ばせば両側の軒先《のきさき》に届くといわれていた。「御堂《みどう》さん」と呼ばれる寺院「北《きた》御堂（浄土真宗本願寺派本願寺津村別院）」「南《みなみ》御堂（真宗大谷派難波別院）」が沿道にある以外は、特徴のない通りだった。

そんな狭《せま》い道幅を40メートル超に拡幅しようという計画だった。「飛行機の滑走路でもつくるのか」と大阪市民の度肝《どぎも》を抜いた。

写真3　エスカレーターも備えた当時の梅田駅

新しい都市の顔をつくろうという関市長は、地下鉄建設に並々ならぬ思いを込めていた。

東京の地下鉄（現東京メトロ銀座線）は、既存の道路下に沿って建設された。カーブが多く、駅構内も小ぶりで、3両編成での運転が限界だった。

しかし大阪の地下鉄は、規模でも装飾でも、東京の地下鉄をはるかに上回った。

天井《てんじょう》は仰ぎ見るほど高いアーチ形だった。その天井には豪華なシャンデリア風の照明器具を設けた。

駅の規模も当時としては常識はずれだった。10両編成運転が可能な長大なホームを整備した。

開通当初は単行（1両）で運転していた。地下鉄の停止位置がなかなか定まらず、乗客は長いホームを走り回ったと伝えられている。

また、当時はきわめて珍しかったエスカレーターや水洗トイレを備えていた。「まるでヨーロッパの宮殿のようだ」と讃《たた》えられた。

現在、地下鉄御堂筋線梅田駅の1日当たりの乗降客数は44万人で、地下鉄線の駅としては東京メトロ池袋駅に次いで全国2位を占める。ただし池袋駅は3路線の合計客数で、単独の路線駅の乗降客数としては梅田駅が断トツの1位だ。

梅田―淀屋橋《よどやばし》間のラッシュ時の混雑率は150％を記録している。梅田駅と難波駅はホームが一部拡張されたものの、ほぼ昭和の初めの完成時と同じ状態で営業運転をしている。

「関市長の先見性の高さは目を見張る。100年後の大阪を見越して地下鉄を計画した」とさえいわれている。

## 戦時下では10代の子どもが運転士に

梅田―心斎橋間の開通後も、延伸工事がつづいた。
1935（昭和10）年には、心斎橋―難波間（0・9キロ）が開通した。これで、キタとミナミが一本の地下鉄線でつながった。

そして１９３８（昭和13）年には、難波―天王寺間（３・４キロ）が開通し、大阪市中心部の南北をつなぐ大動脈が完成した。現在の地下鉄御堂筋線の原型である（なお、「御堂筋線」は戦後つけられた愛称で、戦前・戦中には使われていない。本書ではストーリーをわかりやすくするために一部使っている）。

駅は北から順に、梅田、淀屋橋、本町《ほんまち》、心斎橋、難波、大国町《だいこくちょう》、動物園前、天王寺《てんのうじ》の計８駅。

梅田が阪神急行電鉄（現阪急）、阪神電鉄、国鉄大阪駅との乗り換え、難波が南海鉄道、国鉄湊町《みなとまち》駅（現ＪＲ難波駅）との乗り換え、天王寺が大阪電気軌道（現近鉄）、国鉄天王寺駅との乗り換え駅となった。

市中心部と郊外を結ぶ私鉄各線、国鉄線が地下鉄でつながり、文字どおり大阪の大動脈となった。現在の地下鉄御堂筋線のシンボルカラーが赤色なのは「大阪の動脈」との意味がこもっている。

その後も延伸工事はつづいた。天王寺から南への延伸のほか、大国町駅からの支線の工事もはじまった。

東京の地下鉄は当初、民間企業が競合するような形で建設が進んだのに対して、大阪の地下鉄は最初から大阪市営交通として建設された。地下鉄を運営したのは大阪市電気局だった。

なぜ「電気」局なのか。

大阪市電気局は自前の発電所を持ち、市電で使用する電気をすべてまかなっていた。市電の電気をまかなうどころか、電気そのものの販売もおこなっていた。

戦前の大阪市は一大電力会社でもあった。

敗戦直後の1945年9月に、電気局から交通局に改名し、電気事業を関西電力に譲渡した。現在、大阪市が関西電力の大株主になっているのはその名残《なごり》でもある。

大阪市交通局は2018年に民営化され、現在では大阪市高速電気軌道株式会社（Osaka Metro）となっている。

地下鉄をめぐる大阪市電気局の華々しい時間は長くつづかなかった。

日中戦争から日米開戦へ――。

戦争は泥沼《どろぬま》化し、世の中の優先順位は「民需より軍需」となり、地下鉄建設計画は急速にしぼんでいった。資材は不足し、工事関係者の応召《おうしょう》・徴用《ちょうよう》で工事はすっかり行き詰まってしまった。

そんな厳しい状況だったが、１９４２（昭和17）年5月には、支線として大国町―花園《はなぞの》町《ちょう》間（１・３キロ）が開通した。花園町駅が9番目の駅として開業し、単行の電車が大国町―花園町間を往復した。

しかし、セメントも鉄筋もいちじるしく不足していた。花園町駅の手前のトンネルの一部は、花崗《か》岩《こうがん》の石積み工法でしのいだ。まるで江戸時代の石垣の建設だったという。さすがに延伸工事はここでストップしてしまった。

事態はその程度のことではすまなくなっていた。

慢性《まんせい》的な資材不足で、地下鉄の運行自体が危ぶまれる状況におちいっていた。そして正規職員の不足を補うために、乗客の命を守る仕事のほとんどが、臨時採用された10代の子どもたちに任されていた。

「謎の救援電車」が走ったとされるのは、そんな時期のことだった。

## 「大空襲の最中、電車を走らせるだろうか」

大阪交通労働組合のシンクタンク・公営交通研究所の安藤の調査は、ほとんど進展がなかった。すでに十数人の元交通局職員に面談して、戦前戦中の体験を聞き取りしていた。しかし、大阪大空襲の夜の地下鉄の運行について知っている元職員はいなかった。

安藤の手元にある「大空襲の夜に地下鉄に乗った」という具体的な証言は二つだけだった。

一つは、先に述べたように、元京都大学教授の村松が朝日新聞に投稿した「心斎橋から梅田まで乗った」という投書だった。

もう一つは、1986年にNHKラジオで放送された『JOBKラジオスペシャル大阪大空襲・深夜の地下鉄』のなかで、大阪市電気局（のちの交通局）庶務課に勤めていた藤井直躬が語った証言だった。

当夜の藤井は自宅待機だったが、淀屋橋の大阪市役所に駆けつけた。「午前4時過ぎに、淀屋橋駅から天王寺行きの電車に乗って、難波の駅長室まで行った」と証言した。

淀屋橋の駅に入ると、真っ黒の顔でバケツややかんを持った人がうずくまっていた。乗った電車は３両編成で、乗客はみんな落ち着いていたという。

この二つの証言だけではなんとも言いようがなかった。

地下鉄の運行に直接かかわった運転士や駅員が見つかれば、真相はすぐわかる。退職者名簿をもとに、一人ひとり根気よく面談をつづけていけばいつかたどり着けるかもしれない。

しかし、安藤の胸の中には悲観的な見方が渦巻《うずま》いていた。

「常識的に考えれば、地上が丸焼けになるような空襲があった夜に、地下鉄を走らせたとは思えない」

現在、異音がしたり、異臭がしたり、たとえほんの少しでも煙を見つけたりしたら、すぐに地下鉄の全列車を止めて徹底的に原因を調べなければならない。

「いつトンネルに炎が入ってくるかもしれない。煙が充満するかもしれない。そんな大空襲の最中に電車を走らせるだろうか」というのが安藤の自然な考えだった。

安藤は元職員の聞き取り調査を進める一方で、大阪市の公文書館で戦時中の地下鉄に関する公文書を調べはじめていた。

地下鉄の運行には、運転士と車掌が交替で勤務にあたる。交替にあたっては、勤務状況を詳細に引き継ぎ、上司に報告する。当然、引き継ぎの書類や報告を残しているはずだ。ましてや、大阪が初めての大空襲の被害を受けた夜のこと。ふだんよりもずっとくわしい報告があったはずだ。

安藤の調査範囲はどんどん広がっていった。

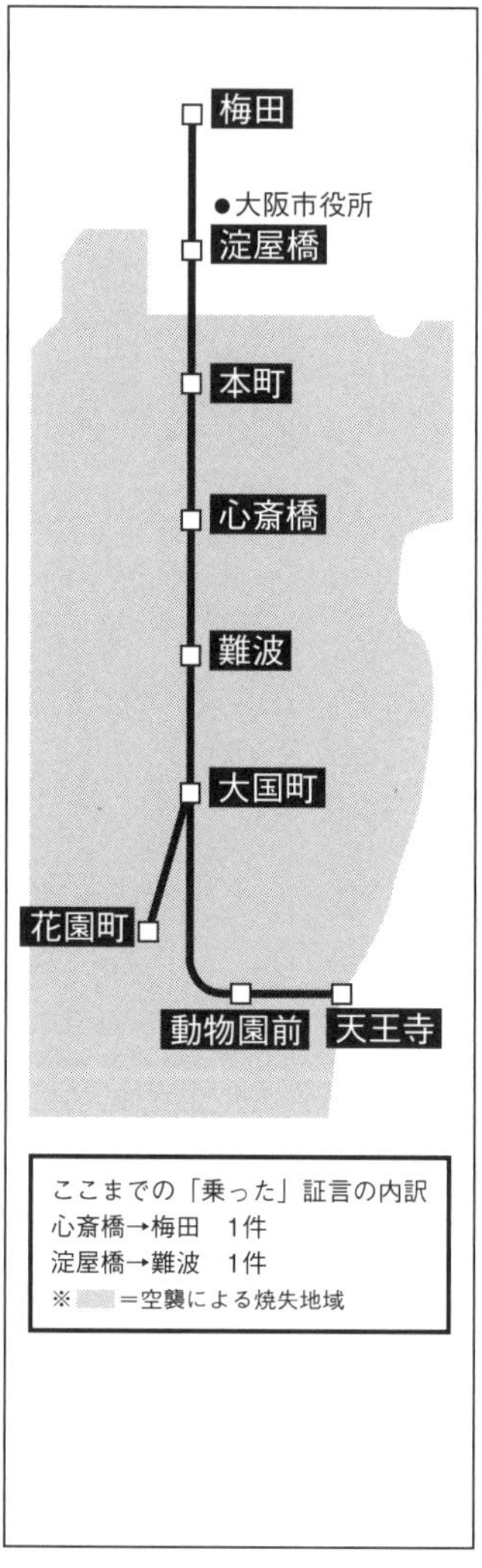

## ３時間半で大阪を焼け野原にした深夜の大空襲

「謎の救援電車」が走ったという１９４５年３月14日未明の大阪大空襲とは、どのような空襲だったのだろうか。

１９４４年７月にサイパン島が陥落《かんらく》した。サイパンから日本本土の太平洋岸まで約２４００キロ。米軍のＢ29長距離爆撃機の航続距離は９０００キロあり、サイパンを離陸して都市を空爆した後、余裕をもって帰投できた。米軍は太平洋岸のすべての都市を直接空爆できるようになり、日本に決定的な打撃を与える切り札を手に入れた。

米軍はサイパンのほか、マリアナ諸島のグアム、テニアンに基地を設けて、日本本土空襲の一大拠点とした。

当初は、少数編隊によって軍事施設や軍需工場を高高度から狙う精密爆撃だった。周辺の民家や民間施設が巻き添えを食うことはあったが、あくまでも狙いは軍事関連施設で、ほとんどが白昼の空爆だった。

ところが、１９４５年３月10日未明の東京大空襲で、米軍機による空爆の様相は一変する。Ｂ29の大編隊が夜間に超低空で侵入、大量の焼夷弾を投下して、住宅地や商業地をことごとく焼き尽くす戦術になった。

３月10日未明の東京大空襲では、10万人以上が犠牲《ぎせい》になったといわれている。つづく12日未明には名古屋が夜間空襲を受け、13日深夜から14日未明にかけては大阪が初の夜間大空襲に襲われた。

この日、サイパン島とグアム島を離陸したＢ29の編隊は、硫黄島《いおうとう》付近を経由して徳島県東部上空から淡路島《あわじしま》西岸を北上した。淡路島北部で進路を東に変えて、大阪湾を横切り大阪市上空に侵入した。

来襲したのは２７４機。３月13日午後11時57分から翌14日午前３時25分までのあいだに、高度１５００～２９００メートルの超低空から、焼夷弾総計１７３０トンを投下した。

米軍は空爆にあたり、浪速区塩草町《なにわくしおくさちょう》（10ページ大阪地図中の爆撃中心点1）、西区阿波座《あわざ》（同2）、港区市岡元町《いちおかもとまち》（同3）、北区扇町《おうぎまち》（同4）の４ヵ所に爆撃中心点を設定。大阪市内に侵入した米軍機は、この爆撃中心点を狙って焼夷弾を投下することになっていた。

13日午後11時57分、浪速区への爆撃で口火を切った。最初に浪速区から火の手が上がり、あっという間に火災が広がった。

つづいて10分後、後続の編隊が浪速区や港区で爆撃をはじめ、その10分後には西区への投弾もはじまった。

中部軍管区《ぐんかん》（旧日本陸軍が管轄《かんかつ》した軍管区の一つ）司令部は、午後11時に警戒警報、午後11時20分に空襲警報を発令した。警戒警報から1時間後、空襲警報から40分後に米軍の空爆がはじまった。

東京大空襲は焼夷弾の投下がはじまってから空襲警報が発令された。発令が遅れたのは、米軍の陽動作戦にだまされたとか、就寝中の天皇を起こすのをためらったとか、いろいろな理由が挙げられている。ただ、〝不意打ち〟のような形で空襲がはじまったことで、犠牲者の数が増えたのは事実だろう。

大阪大空襲では、防空態勢をとる時間的な余裕がわずかだがあった。このことはのちに、救援電車の謎解きの大切なポイントの一つとなる。

「B29は蚊取り線香のように渦巻き状に焼夷弾を投下し、周囲から火攻めにして逃げられないように追い詰めていった」

写真４　大阪大空襲で燃える北区堂島一帯（1945 年 3 月 14 日未明）

という被災者の証言がある。

しかし、米軍の計画やその報告を見る限り、大阪湾から進入したＢ29は、目標地点で焼夷弾を投下すると、そのまま東に進んだ。そして、京都府南部や奈良県北部の上空で南に進路を変えて、日本本土を離れている。

大阪上空で渦巻き状に焼夷弾を投下させるような指示は出ていない。ましてや、編隊が渦巻き状に飛行して空爆したというような記述はない。そもそも大型爆撃機の編隊に、そんなアクロバティックな飛行は不可能だ。

時間を少しずつおいて、南から、西から、東からと火の手に迫られた被災者が、「渦巻き状に焼夷弾を落として火災を起こした」と思ったのだろう。それだけ、米軍の空爆計画は緻密《ちみつ》に立てられ、その計画どおりに空爆が実行されたということにもなる。

３時間あまりの空襲で、大阪の市街地は焼け野原になった。

焼失した面積は21平方キロメートルに達した。これは大阪市の全面積の１割にすぎない。しかし当時は、大阪市の南部や東部にはまだまだ田園や雑木林が広がっており、いわゆる市街地は中心部に固まっていた。

感覚的にいえば、大阪の街の半分以上が焼け野原になった。

## 市民の５人に１人が被災、浪速区の人口は96％減

死傷者については、当時の大阪府警察局が集計している。

死者は３９８７人、負傷者は８５００人、行方不明者は６７８人。

行方不明者の大半が亡くなっていると推定すると、４５００人以上が犠牲になったということになる。

最も大きな被害を受けた浪速区で、遺体の埋葬《まいそう》作業にたずさわった人たちのなかからは

「浪速区だけで３０００人以上の遺体を処理したはず」という証言がある。空襲被害を調査・研究する人たちのあいだでも「実際の犠牲者はもっと多い」と指摘する意見が多い。

しかし、この警察局の数字以外に死傷者数をまとめたデータは何もなく、戦後一貫して「3月14日未明の大阪大空襲の犠牲者は約４０００人」とされてきた。

不明点が多いのは数字だけではない。この３９８７人全員の氏名が明らかになっているわけではない。数字を裏づけるデータがないので、数字が正しいのかどうかを確認しようがない。

このほかの被害状況についても、大阪府警察局がまとめたデータから見てみよう。

全半焼した家屋は13万３５００戸で、罹災《りさい》者は51万人にのぼった。１９４４年末の大阪市の人口は２４３万人だったから、数時間の空襲で、大阪市民の５人に１人がなんらかの被害を受けたことになる。

浪速区は区内のほとんどが焼失し、空襲直後には人口が被災前のわずか４％に激減した。「浪速村」とか「浪速砂漠《さばく》」と呼ばれるほどの壊滅的な被害になった。

だが、一般の市民にはほとんど何も知らされなかった。

公式の情報は大本営発表だけだった。

大本営発表（三月十四日正午）昨三月十三日二十三時三十分頃ヨリ約三時間ニ亘《わた》リＢ29
約九十機大阪地区ニ来襲雲上ヨリ盲爆セリ　右盲爆ニヨリ市街地各所ニ被害ヲ生ゼルモ
火災ノ大部ハ本十四日九時三十分頃マデニ鎮火《ちんか》セリ
大本営発表（三月十四日午後四時三十分）昨三月十三日夜半ヨリ本十四日未明ニワタリ
大阪地区ニ来襲セル敵機ノ邀撃《ようげき》戦果次ノ如《ごと》シ　撃墜《げきつい》十一機　損害ヲ与ヘタルモノ約六十
機

実際に大阪に来襲したＢ29爆撃機は２７４機で、大本営発表の3倍にのぼる。

大本営発表の来襲機数は、暗闇の中で防空監視哨《かんししょう》から目視で数えた機数だった。「敵機の機数はできる限り少なくしたい」という思いもかぶさっていただろう。

火災の大部分は午前9時半までに鎮火したとあるが、これは燃えるものが何もなくなって自然に鎮火してしまったにすぎない。

日本軍機の迎撃によってＢ29が受けた被害は、米軍側の記録で「行方不明1機、損害を受けたもの10機」となっている。この行方不明1機は、日本側の対空砲火《ほうか》の直撃を受けて

写真5　3月13日深夜から14日未明にかけての空襲で大被害を受け、一夜明けた大阪市内（現中央区）。御堂筋（右下ななめの道）の中ほどと右下にあるのは地下鉄・本町駅入り口。真ん中の焼け跡には北御堂があった

南区（現中央区）に墜落したB29とみられる。米軍の記録はほぼ正確だ。それにしても、大本営発表の「11機撃墜、約60機が損害」は誇張しすぎ。どうすればこんな数字が出てくるのか不思議としか思えない。

大空襲のくわしい情報は何も伝えられなかった。

市民は自分の目で確かめるか、被災地から伝わってくる口コミ情報を信じる以外になかった。

## 徹底して燃やされた戦時中の公文書

安藤から「謎の救援電車」について、思い入れたっぷりの話を聞いた松本だったが、頭のどこかで冷めていた。

「大空襲の夜に地下鉄が走って、多くの命を救ったかもしれない」という話自体はとても興味深かった。しかし、それが本当にあった出来事かどうかを確かめるとなると、話は別だった。

大空襲から50年以上の時間が過ぎた。戦争体験者の高齢化は急速に進み、記憶はあいまいになっている。

謎の救援電車に直接かかわった人は、どれだけ多く見積もっても500人程度だろう。探し出すのは容易なことではない。

そもそも大阪の街が丸焼けになるような大空襲の真っ最中に、地下鉄を走らせることなんて本当にできたのだろうか。

疑問や問題点は次から次へとわいてきた。

しかし、新聞記者は学者ではない。いかなる事情があっても原稿に仕上げなければならない。

「戦時中にこんな不思議なことがありました。本当に電車は走ったのでしょうか。命を助けてもらったという証言は残っているのですが……真相はいかに」

松本が頭の中に描いた〝原稿〟だった。

まず、やっておかなければならないことがあった。

記者として最も恐ろしいのは、「大阪大空襲下の救援電車」がすでに、公文書に書き記されていて「謎」でも何でもないことだった。

「謎の電車だ」と大々的に報道したまではいいが、「そんなこと、だれでも知ってまっせ」ということになることだけは避けたい。

まだインターネットが普及していなかった当時、松本は資料室にこもって公的な記録や文献を調べた。


何も出てこなかった。

何も出てこないどころか、調べれば調べるほど公的記録がいかにお粗末であるかを思い知らされた。

さしあたって期待したのは、地下鉄を走らせている大阪市が刊行した出版物だった。最初に手にしたのが、1958年に刊行された『大阪市戦災復興誌』だった。敗戦から13年しかたっていない時期に編集されており、戦時中の記憶がなまなましく残っていただろう。わずかに期待を込めてページを繰《く》ったが、期待はあえなく砕《くだ》け散った。

「大阪の戦災」は340ページにわたって記載されていた。しかし、交通機関について記されているのはわずか5ページ。それも壊滅的な被害を受けた市電の記述がほとんどで、地下鉄については以下の記述しかなかった。

「交通機関に対する損害を概言《がいげん》すると、路面電車（市電）は致命的な被害を受け、乗合《のりあい》自動車（バス）は被害軽微であり、高速鉄道（地下鉄）は直接はほとんど被害がなかった」

「高速鉄道は幸いにして空襲による直接の被害はなかったが、戦時下唯一《ゆいいつ》の交通機関として、また市中枢《ちゅうすう》部の大幹線として乗客が殺到したため、車体その他の諸施設の損傷が著《いちじる》しく、補修資材の入手難と相まって輸送力の低下を免《まぬか》れず、終戦時の運転車両はわずか八列車十八両となり、戦災前の五十五％となった」

次に手にしたのが、大阪市交通局が１９５３年に発刊した『大阪市交通局五十年史』だった。こちらは敗戦から8年後にまとめられていた。

地下鉄の建設工事や施設整備をめぐる経過、営業距離、輸送人員数、運行車両数などのデータについて、開業当初からくわしく記されていた。しかし、戦時中の状況となるとたんにあっさりとした記述になり、『戦災復興誌』と大差なかった。

『大阪市史』をはじめ、大阪府が発刊した文献にもあたってみたが、期待したような記述は見つからなかった。

松本がお粗末な公的資料について嘆《なげ》いていると、安藤は「さもありなん」と言葉を引き継いだ。

ある元職員によると、戦時中、大阪市電と地下鉄は連合軍捕虜《ほりょ》の輸送をになっていた。捕虜たちは後ろ手に縛《しば》られて、編《あ》み笠《がさ》のようなものをかぶせられ、何人も数珠《じゅず》つなぎになるという、当時の囚人《しゅうじん》移送スタイルで市電や地下鉄に乗せられたという。

運転士や車掌は輸送にかかわっただけで、蹴《け》ったり殴《なぐ》ったりしたわけではない。それでも「やったことは江戸時代の市中引き回しと同じ。戦犯に問われて処刑される」という噂《うわさ》が流れた。

とにかく証拠を残してはいけないと、連合軍捕虜をめぐる公文書はもちろんのこと、戦時中の書類はすべて焼却してしまった。

安藤は「交通局の裏庭では三日三晩、書類を焼く煙が立ちのぼったといいます。戦時中の文書は徹底的に焼かれてしまいました」と話してくれた。

大阪市公文書館の交通局に関する保存文書は、１９４２（昭和17）年から１９４５年夏までほぼ抜け落ちているという。

## 敗戦直後にクビになった10代の職員たち

安藤は当時の職員を探していた。

大阪交通労働組合の退職者会を通じて、地下鉄の運転士、車掌《しゃしょう》、駅務員、運行管理者、技術者と、一人ひとりの連絡先を調べた。

亡くなってしまった人、転居して所在不明の人、病床についていて話ができない人が相次いだ。健在とわかればどこまでも出かけていって話を聞く地道な取り組みをつづけた。

元職員からの聞き取りが難航したのは、敗戦からの時間の経過だけが理由ではなかった。

安藤はあるとき、松本にこんなことを話している。

「昭和20年に入ると、正規の男子職員はほとんど出征《しゅっせい》して戦地におもむいたため職場にいません。運転士も車掌も、勤労動員の学生や、急遽《きゅうきょ》採用された臨時の職員で、ほとんどが10代でした」

「ところが戦争が終わって、戦地から正規職員が戻ってくると、〝クビ〟になってしまいました。ある日突然、職場を去ることになったんです」

戦時中の市民の足を懸命《けんめい》に守った10代の少年少女たちにとって、敗戦のもたらしたものは理不尽《りふじん》な解雇だった。

臨時採用の職員については、名簿も記録も敗戦直後のどさくさですべて焼却処分されたため、ほとんど何も残っていない。当時働いていた人たちの記憶をたどろうにも、働いていた人自体がだれかわからないのが実態だった。

そんななかで安藤はようやく、地下鉄駅の駅員として働いていた男性と女性を探し出した。二人とも太平洋戦争当時は10代の少年、少女だった。

3月14日未明の大空襲のときに、直接電車の運行にかかわっていたわけではないが、当時の地下鉄が置かれた状況をよく覚えていた。

## 「通りは遺体の山でした」14歳の地下鉄駅員

当時14歳だった上田《うえだ》雄leftright語《ゆうご》は、花園町駅などで勤務していた。

学徒動員で被服工場で働いていた国民学校高等科2年のとき、大阪市電気局が募集していた市電車掌と地下鉄駅員に応募した。

「電車賃《ちん》がタダになるというのが魅力で駅員を希望しました」と笑う。天王寺駅の配属になった。

大国町―花園町間の軌道《きどう》（道床《どうしょう》、枕木《まくらぎ》、レールなどからなる構造物で列車が通る道）がしばしば水につかったため、点検を兼ねて花園町駅に行った。

「花園町駅には調味料の倉庫があったんです。点検の帰りに、調味料をこっそり失敬したことがありました」と振り返った。

また、大国町駅の北中階には、乾パンやビスケットの倉庫があった。

「電気局からたばこの配給があったとき、そのたばこと乾パンやビスケットを交換していました」

思い出の多くは、やはり食べ物をめぐるものだ。

当時のダイヤは1時間に1本走ったらよいほうだったという。物資の欠乏はひどくて、電車が故障しても修理用の機材がなく、動けない車両が続出した。

駅にはつねに憲兵《けんぺい》がいたという。

電車のダイヤは不規則で、4両編成の電車はいつも超満員だった。上田は「憲兵が乗客整理にあたることがありました。子どもの私の言うことはあまり聞いてくれなかったんですが、憲兵の言うことはよく聞いてくれました」と話した。

空襲についての記憶は断片的だった。

「地下鉄は警戒警報では動いていました。空襲警報が出ると、止めて乗客を降ろしました」と記憶をたどった。

そして3月14日未明の大空襲については、大国町駅とその周辺の惨状《さんじょう》を覚えていた。

「大国町駅の中階やホームは避難の人でいっぱいでした。被災者のうち何人かは、そのまま大国町駅の中階で、1ヵ月ほど寝泊まりしていました」と駅の様子を話してくれた。

そして「市電通りは遺体の山でした。灯油をかけて焼いていたのを覚えています」と声を詰まらせた。

## 10代少女たちが働いた天王寺駅

もう一人は、天王寺駅で内勤をしていた岩田《いわた》初子《はつこ》だった。

岩田は、1940年に地下鉄案内手として電気局に就職した。大空襲時は、天王寺駅で出勤簿の整理や弁当取り、改札の応援などにたずさわっていた。駅での勤務に男性の姿はなく、ほとんどが10代の少女だったと証言した。

地下鉄の運行ダイヤはあったが、ダイヤはあってないようなものだった。

警戒警報が発令されると、乗客を降ろして出入り口のシャッターを閉めてしまった。ただし、各駅とも1ヵ所だけシャッターを開けたままにしていた。そこには憲兵が立ち、身分証明書を提示した軍人や軍属だけが出入りできたという。

「あるとき、なにかの手違いで出入り口のシャッターを全部閉めてしまったことがありました。そうしたら、憲兵が駅長室で駅長や助役を怒鳴りつけていました。あまりの剣幕で怖かったのでよく覚えています」

天王寺駅に詰めていたのは西成《にしなり》分隊の憲兵で、ふだんは天王寺駅の西中階にある近鉄との連絡口に常駐していた。岩田はこう証言した。

「空襲警報になると、憲兵は駅長室にいました。駅長室と大手前（現中央区）にある憲兵隊本部とのあいだに直通電話が引かれていたからでしょうか」

二人とも「駅に憲兵が常駐していた」と証言した。憲兵は日本陸軍の兵種の一つで、軍隊内の警察業務をおこなうほか、公安維持や人々の思想取り締まりにおよぶ広範な任務を担当した。強面《こわもて》でにらみを利《き》かせていた姿は、よほど記憶に残っているのだろう。

地下鉄の運行や駅の管理に、憲兵が深くかかわっていたことがわかる。

安藤は「空襲の最中に電車を走らせるかどうか。地下の駅構内に市民を避難させるかどうか。憲兵ら軍人の意向が強く働いていたのではないか」と感じた。

## 焼夷弾の雨は市電も襲った

元駅員だった二人から当時の地下鉄の様子を聞いた安藤は、思わぬ人物にもたどり着いていた。「もしかすると救援電車に乗っていたかもしれない」という市電の運転士だった。「市電の運転士がなぜ地下鉄に？」と思いながら、当時のことを聞いていると、大空襲の猛火の下での壮絶《そうぜつ》な体験だったことがわかった。

市電の運転士だった貝谷八郎《かいたにはちろう》は、３月13日は乗務日だった。勤務を終えて事務所で待機していると、警戒警報につづいて空襲警報が発令された。

空襲警報が出ると、運転士は手分けして、車両を〝疎開〟させなければならなかった。市電の車両を密にしておくと、直撃弾で多くの車両が被害を受けてしまう。被害を最小限にするため、車両を分散させることを〝疎開〟といった。

これがけっこう面倒で孤独な作業だった。少女の運転士は、一日の乗務を終えて車庫に入庫したとたんに「警報が出た。ただちに疎開」などと指示されると、泣き顔になったという。

貝谷も３月13日の夜、市電を疎開させるため、灯火管制で真っ暗になり人影が途絶えた街の中を運転していた。

難波駅から数百メートル離れた湊町《みなとまち》付近を運転しているときに、Ｂ29爆撃機の大編隊が頭上を通過した。編隊はまるでベルトコンベアに乗ったように次々と来襲し、無数の焼夷弾を投下した。

貝谷は悪夢を思い返すかのように話した。

「とにかく電車を焼いてはいけないという使命感に燃えていました。なんとしても電車を守らなければいけないんです」

しかし、雨あられと落ちてくる焼夷弾は、容赦《ようしゃ》なく車両を襲った。

「電車は中が空洞《くうどう》になっていますから、構造上よく燃えるんです。あっという間に炎に包まれてしまいました」

それでも電車を守ろうとした貝谷は、右足に焼夷弾の直撃を受けてしまった。軍隊経験のある貝谷は、とっさに足のつけ根を強く縛って止血したが、とても歩ける状態ではなかった。

「みんな、自分が逃げるのに必死です。足をひきずってうずくまっている私を見ても、だれも助けてくれませんでした」

ふたたび焼夷弾が降り注いでくるかもしれない。周辺の炎はどんどん勢いを増していた。道路の真ん中でうずくまっていては危険だと、這《は》うようにして地下鉄の難波駅を目指した。

どれだけの時間が過ぎたのか記憶が定かではないが、ようやく難波駅に着いた。

構内には大勢の被災者がいた。空襲がつづいているあいだ、地下鉄難波駅の出入り口は閉ざされたままで、被災者は構内に避難できなかった。電車が通常の運行をはじめるとともに出入り口が開き、被災者が詰めかけたようだ。

どこに行くというあてがあるわけではなかったが、とにかくけがの治療をして、電車が炎上してしまったことを報告しなければならない。

ちょうどホームに入ってきた電車に乗って、天王寺まで行った。

天王寺駅では救護班が担架《たんか》を用意してくれていたので、そのまま病院に搬送してもらった。「病院もたいへんな混雑で、治療らしい治療はしてもらえませんでした」と話す。貝谷は故郷の福井県に帰って治療に専念したが、けがが治るまで半年かかったという。

貝谷が天王寺まで乗ったのが救援電車だったかどうかは判然としない。時間的な経過がよくわからないので、通常の運行をはじめていた可能性もある。

ただ、高い使命感を持って貝谷が市電を運転していたことが、安藤には痛いほどわかった。救援電車が走っていたとしたら、高い使命感を持った乗務員が「なんとしてでも被災者を助けたい」という思いを持って運転したにちがいないと考えていた。

## 猛火の御堂筋から電車で逃げた女性

一方、公的記録の冷たさを痛感した松本が次に調べたのは、市民グループが編纂《へんさん》した空襲体験記だった。

原爆が投下された広島と長崎、凄惨《せいさん》な地上戦が繰り広げられた沖縄を除けば、空襲による個人の被災体験が体系的に記録されている例は少ない。

一晩で10万人以上が犠牲になったといわれている3月10日未明の東京大空襲では、作家の早乙女《さおとめ》勝元《かつもと》らが中心となり、幅広い市民活動として膨大《ぼうだい》な被災体験を集めて残している。しかし、東京以外の地方都市では、市民の有志がボランティアで細々とつづけているものが圧倒的に多い。

大阪では1971（昭和46）年、金野《こんの》紀世子《きよこ》が新聞に空襲体験を投稿したことをきっかけに「大阪大空襲の体験を語る会」を結成した。

1997年までに、会員らから集めた体験記を第8集まで出版した。また当時の体験を絵に描いて残そうと、1983年には画集『大阪大空襲の記録――母から子どもたちへ』も発刊した。

ほかにも空襲体験をまとめていた市民グループはあった。しかし、市民有志による活動には、実務的にも資金的にも限界がある。体験記や手記を出版しても、部数や配布先が限られていた。

松本は「なにか手がかりになることが載っているかもしれない」と、「大阪大空襲の体験を語る会」が１９７３年に発刊した第１集を手に取った。

収録されているのは約30人の手記。３月14日未明の大空襲だけでなく、６月や敗戦前日の大空襲の体験記もある。薄茶色に変色したページをめくりながら斜め読みしていった。

ふと「地下に逃《のが》れて」というゴチック体の小見出しが目に入った。気をつけていないとスルーしてしまう小さな文字だった。

思わず声をあげそうになった。空襲の猛火に追われて地下鉄の駅に避難し、電車で逃れたと記されていたからだ。

全体のタイトルは「黒い雨」だった。

「黒い雨」というタイトルが頭の中に残っているため、中ほどに記されている「地下鉄の駅に逃れた」という部分は読み飛ばしてしまいそうだった。

当時、大阪市西区堀江《ほりえ》に住んでいた近藤寿恵の手記で、女学校に通う娘とともに、３月14日未明の大空襲の中を逃げ惑った記録だった。

空襲警報が鳴ると、近藤は娘とともに防空壕《ぼうくうごう》に避難した。警防団長の夫は家を出たきり戻ってこない。そのうち焼夷弾が降り注ぎ、周囲は火の海になった。

娘の手を引き、降ってくる焼夷弾をかわし、火炎の下をくぐり抜けて避難した。

なんとか御堂筋まで逃れたが、そこは火の粉が大河のように流れていた。一歩も動けなくなった。

仕方なく、地下道へ降りる狭い階段の入り口付近で腰を下ろした。よく見ると、地下に電気がついていた。

このまま地上にいたら娘も自分も焼け死んでしまう。とっさに階段の下の鉄のシャッターまで走り降りた。シャッターの前にいた特警《（ママ）》の人に、「娘だけでも中へ入れてやってください」と必死で頼み込んだ。

するとその人は思いがけず「子どもだけ助かっていいのか、あなたも入りなさい」と言ってくれた。さらに「ほかにも隣組の人が10人ほど上にいる」と言うと、「連れてこい」と言うではないか。

シャッターを開けてもらって地下に入ると、そこは別世界だった。電灯があかあかとついていた。トイレにも電気がついているのが不思議だった。そのうち地下は避難してきた人でいっぱいになった。

すると駅員が「梅田のほうはまだ焼けていません。早くこれに乗ってください」とホームに入ってきた電車に乗るよう指示した。押し込まれるように電車に乗って、そのまま梅田まで逃れた。

## 「上は火の御堂筋、地下には電気がついていた」

松本には衝撃的な内容だった。

ただ、電車に乗って梅田まで逃れたことについてはあっさりと書かれていた。体験記自体は３００行以上もあったが、地下鉄に乗って避難した部分は40行程度しか書かれていない。

「心斎橋駅」や「地下鉄」といった言葉も出てこなかった。「地下」と「電車」という言葉が出てくるだけで、具体的な場所や状況は前後から類推《るいすい》する以外になかった。

駅のホームで、和歌山から娘に会いにきたという男性から両手いっぱいのじゃこをもらったことや、電車に乗ってから、背中におぶっていた赤ん坊がいないことに気づいて泣き叫ぶ女性を慰《なぐさ》めたことなどは、くわしく記されていた。

地下鉄で避難したこともさることながら、火炎《かえん》地獄からなんとか逃れるなかで見た被災者の叫びや思い、そして空襲直後に降ってきた黒いべっとりとした雨粒の記憶が、あまりにもなまなましく残っていたのだろう。

「黒い雨」というと、原爆投下直後に降ったことで知られているが、大規模な空襲の直後にも降ることがあった。大火災で発生した上昇気流で泥や煤《すす》が巻き上げられ、雨雲が発達して黒い粘り気のある雨が降った。大阪大空襲時の天候が曇りだったため、雨雲が発達して降ったとみられる。

しかし、地上の猛火を逃れて、心斎橋から梅田まで地下鉄に乗って避難したことは確かだった。

近藤が残したのは手記だけではなかった。「絵」でも空襲体験を残していた。

画集『大阪大空襲の記録――母から子どもたちへ』には、娘とともに避難する途中で見たことを描いた絵が、何枚も収められていた。

・どの窓からもいっせいに炎が噴き出す鉄筋コンクリート建ての病院。

・火の粉が川のように流れて真っ赤になった御堂筋。
・突然起こった旋風《せんぷう》に巻き上げられて宙に舞う体。
・焼死体が多数ある焼け野原を黒い雨に打たれて歩く姿。

どの絵も、真っ赤な火炎か、どす黒い焦土《しょうど》ばかりが目立っている。そんななかで、明らかに様子が異なる絵が１枚あった。

「地獄《じごく》から極楽《ごくらく》へ」というタイトルの絵には、あかあかと照明のついたホームで、多数の被災者が電車に乗ろうとしている心斎橋駅が描かれていた（写真６）。

絵の中にはあちこちに、細かな文字の書き込みがある。

「上は火の御堂筋、地下には電気がついていた。まぶしくて生きていることが不思議でした」
「梅田方面は焼けてないそうです、早く乗ってくださいと叫ぶ駅員さん」
「倒れている人を助けるゆとりのない人々」
「和歌山から娘をたずねてきたおじさん『これでは娘をさがすこともできん。ちっとじ

写真６　救援電車に乗って避難する人々の絵（画・近藤寿恵）

やが』、私はいりこを両手いっぱいいただいた、うれしかった」

近藤は、手の上にいりこを山盛りにした自分自身を描いていた。

絵の真ん中には両手を挙げて指示する駅員を描いた。

電車の中にはすでにたくさんの人が乗っていて、開いた扉《とびら》から乗り込もうとする親子も描かれていた。

近藤にとって「真っ赤」でも「どす黒く」でもない世界は、強く印象に残っていたのだろう。

地上が大空襲の猛火に襲われていたとき、地下鉄に乗って避難した人たちはやはり確実にいたのだ。

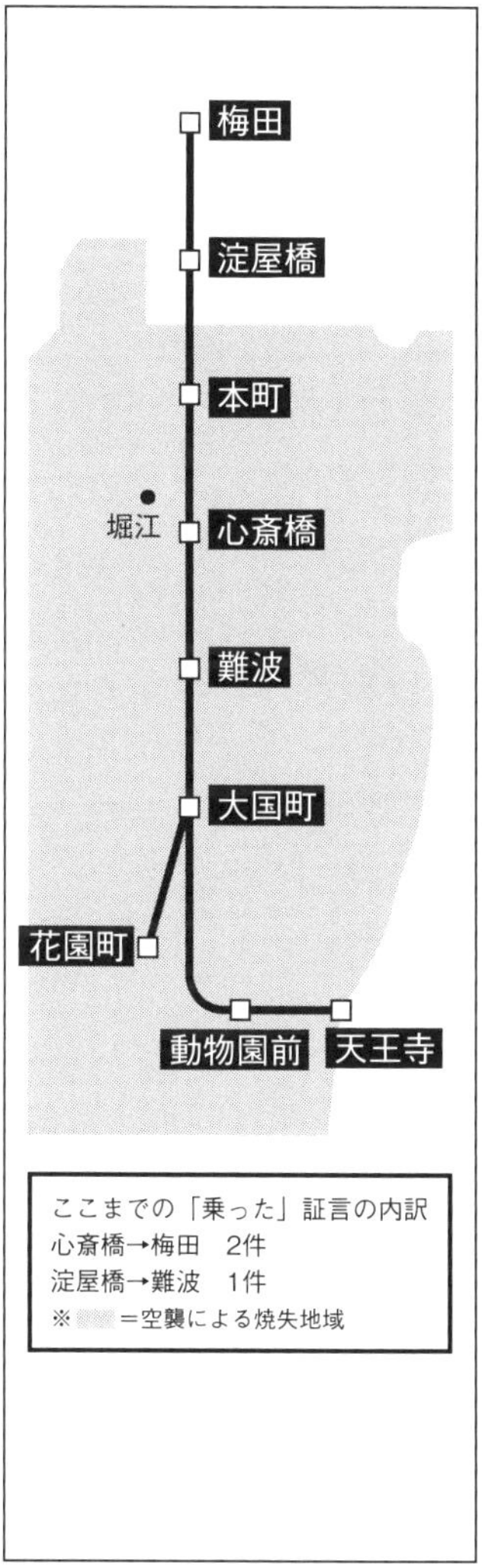


## 空襲時には第三軌条への送電を止めるはずでは？

安藤は、地下鉄の運行管理にかかわっていた元職員を探し当てた。

当時26歳だった堀田稔《ほったみのる》。運転士をつとめながら、乗務員の出勤の管理、電車の運行管理、給食業務などを担当する「組長」の一人だった。

中国大陸に出征していたが、２年前に復員して運転士に復職していた。10代半ばの動員学徒や臨時職員ばかりになっていた職場では、貴重な正職員だった。

乗務ダイヤや電車の運行ダイヤはないも同然だった。

３人の運転士と３人の車掌でつくった３組で２列車を担当していたが、一日に何列車を運行していたかまでは覚えていないという。

車両の装備は不完全で、修理したくても資材も部品も不足していた。故障車が出ても代車が出せないため、動かせる車両を調整しながら動かすというダイヤになっていた。

堀田は「警戒警報や空襲警報が発令されても、電車を止めることはありませんでした。走らせていました。空襲のあった翌日は、大阪府庁に行って当日の運行状況を報告していました」と当時を振り返った。

３月13日が非番だったので、14日未明の大空襲は自宅で遭遇《そうぐう》した。当夜勤務していたのはもう一人の組長だったので、空襲下の電車の運行については知らなかった。

ただ、謎の救援電車については懐疑的だった。

「とても興味深い話だけれど、罹災者を救援するために特別な電車を運転したとは思えません」

その理由を３つ挙げた。

・空襲時は送電を止めるので、第三軌条《きじょう》（電車の運転用の電力を供給するために走行レールの横に設けられた3本目のレール）への送電は停止していたと推察される。送電がなければ電車は運行できない。

・3月の大阪大空襲は終電後だった。終電後は技術関係者が軌道内に立ち入っており、関係方面への連絡などを考えると、第三軌条への再送電はよほどのことがない限りできないと思う。

・泊まり勤務の乗務員は全員、松崎町《まつざきちょう》（天王寺駅の南側、阿倍野《あべの》区）の寮に宿泊させていた。私はその管理をしていたが、いったん寝床についた乗務員を途中で起こした記憶がない。もう一人の組長からもそのようなことがあったとは聞いていない。

地下鉄の運行管理をしていた現場の元職員が否定的な見方をしていることに、安藤は衝撃を感じた。

堀田は、追い打ちをかけるように言い切った。

「課長から終電後も仮眠することは許されませんでした。課長の卓上に置いてあったラジオを聞き、それをノートに書きとめて翌朝、課長に提出するように命じられていました。なにか特別なことがあれば記憶に残っていると思います」

ただ、こんな可能性があると教えてくれた。

「初発電車か、初発電車の運行前に走る〝職員のお迎え電車〟が、被災者を乗せて走ったということは考えられます」

特別に仕立てられた救援電車ではなく、通常運転の電車にたまたま被災者が乗ったのではないかという見立てだった。

戦時中の地下鉄には営業運転でない電車が走っていたのか。走っていたとしたら、どんな電車だったのか。

安藤の調査項目がまた一つ増えた。

# 第2章　あの日、何があったのか

## ——証言が語る大空襲下の希望の光

## 記事に埋め込んだ小さな「仕掛け」

文献や資料に当たっていた松本の調査は行き詰まっていた。

なかなかゴールの見えない調査をつづけるより、とりあえず現在の手持ちのネタで原稿を書いてみることにした。

安藤から取材した内容を手がかりに、１９９７年7月、こんな見出しの記事が毎日新聞社会面を飾った。大空襲直後の焼け野原の中に、地下鉄の本町《ほんまち》駅の入り口が心細そうに残っている写真（42～43ページ写真５）を使った。

「空襲下『救援電車』は走った」
「〝幻の戦災史〟に光」
「証言を集め記録誌発刊へ／大阪交通労組」

松本は記事の最後に、小さな「仕掛け」を埋め込んだ。

「当時の救援電車について読者からの情報を集めています。ファクス、お手紙でお寄せください」

「仕掛け」は原稿の面倒を見てくれたデスクの提案だった。デスクには申し訳ないが、松本はほとんど期待していなかった。

救援電車が走ったのは50年以上も前の昔のことだ。それも空襲の大混乱の最中の出来事である。直接かかわった人の人数も限られている。

〝そんな話をおばあちゃんから聞いたことがある〟といった程度の手紙が数本届けばよいほうかなと思った。

届いた手紙を紹介する記事で「謎の救援電車の謎はますます深まった」というように締めくくって終わりになるんだろうな……。

寂しい結末を想定していた。

## 続々と集まる「救援電車に乗った」証言

ところが――。松本の「寂しい結末の想定」は見事にはずれた。

それもよい方向に。

記事が掲載されたとたんに、「私も乗った」「私も救援電車のおかげで命拾いした」というファクスや手紙が次々と寄せられたからだ。

救援電車とは明らかに違う情報提供や、記事の感想も多数寄せられた。ここでは、救援電車に直接かかわりがあるとみられた証言のなかからいくつかを紹介しておこう。

**▼間違いなく地下鉄のおかげ【心斎橋→天王寺】**

当時、大阪市南区（現中央区）に住んでいたという男性は、心斎橋から天王寺まで乗車したとの手記を寄せた。

「父と弟とで消火にあたりましたが、なんといっても火勢が強かった。警官の指示で消火作業を止めました。『地下鉄が動いている』という言葉を聞いて、地下鉄の心斎橋駅に走っていきました。天王寺駅まで乗車して避難しました。間違いなく地下鉄のおかげで避難できたことを感謝しています」

**▼午前4時～5時頃乗った【心斎橋→梅田】**

心斎橋駅の近くに住んでいた当時36歳の女性は、心斎橋から梅田まで乗って、猛火を逃れたという。

「心斎橋駅から西へ2～3分のところに住んでいました。毎晩のように警報が鳴るので、靴をはいたまま寝ていました。焼夷弾《しょういだん》がどんどん落ちてきて、表へ出てみると真っ赤になっていました。御堂《みどう》（南御堂）さんも松竹座《しょうちくざ》も燃えてきたというので、地下鉄に逃げるしかないと、祖父と姉と3人で心斎橋駅に逃げ込みました」

「ホームにはすでに、たくさんの人が逃げ込んでいました。そして、地上は燃えているのに地下鉄が動いていたんです。梅田まで乗って、（北側にある淀川《よどがわ》を越えて）三国《みくに》まで歩いて逃げました。午前4時～5時頃に乗ったように思います」

## ▼「電車が来る」と駅員の声【心斎橋→梅田】

心斎橋駅の近くに住んでいたという人からはもう1通届いていた。当時17歳の女性からだった。

「父母と私の3人は、猛火の中を右往左往する人々に揉《も》まれました。どこへ逃げてよいやらわからず、いつの間にか心斎橋にたどり着いていました」

写真７　開通した頃の心斎橋駅

「地下鉄の構内は避難した人でいっぱいで、次々と人が入ってきました。これからどうなるのかと不安でいっぱいでした。そのとき『電車が来るから』と駅の人の声を聞き、ホッとしたのを覚えています。くわしいことは忘れましたが、ドッと改札口を通り、梅田まで乗りました」

### ▼よくぞ走らせてくださった【心斎橋→梅田】

当時４歳だったという女性が、一緒に避難した母親から聞いた体験談はとてもくわしかった。

「当時25歳だった母によると、ライオン歯磨《はみがき》の地下防空壕《ぼうくうごう》を出たとき、東も南も北も燃えており、西へしか出られませんでした。

それでも御堂筋《みどうすじ》の西側の難波《なんば》神社も燃え上がっていましたから、御堂筋は南へ逃げる人でいっぱいでした」

「地下鉄の心斎橋駅の北口が開いていたのでそこに避難しました。切符を買った記憶はないし、駅員にとがめられた記憶もありません。電車は比較的空いていて、防空要員のような格好をした人も乗っていませんでした。地下鉄で梅田まで出て、私たちは助かりました」

「心斎橋駅に着くのがもう少し遅かった人たちは、入り口のシャッターが閉められていて入れなかったと聞いています。『あの日、あんな真夜中に、よくぞ電車を走らせてくださったものだ。きっと偉いお方が決断して走らせてくださったのだろう』と母と話しています」

▼このままではみんな死んでしまう【心斎橋→梅田】

心斎橋から梅田まで乗ったという当時20歳の女性は、駅構内の緊迫した様子を手記のなかで証言した。

「空は真っ赤で見慣れた家々が燃えていました。母を連れ、頭に夏布団をかぶって外に出ました。猛火の中、どの道をどう歩いたのかわかりません。かぶっていた布団に火がつきましたが、人の後について逃げました」

「気がつくと、心斎橋の地下にいました。40～50人いたと思います。みんな無口でした。20～30分たった頃、上のほうから煙が入ってきました。だれかが大声で『このままではみんな死んでしまう。地下鉄を出せ』と何回も叫《さけ》びました」

「10分ぐらいしたら電車が入ってきたように思います。私も母も電車に乗り、梅田で降りました。料金は払っていません。梅田に着き、ほっとして外を見ると雨が降っていました。傘《かさ》もなく、濡《ぬ》れたわらじをはいて阪急電車に乗り、親戚宅にたどり着きました。いまでも忘れられません。運転してくださった方に感謝しています」

**▼駅員が「梅田のほうは大丈夫」【心斎橋→梅田】**

当時18歳の女性は、まだ心斎橋付近が火炎《かえん》に襲われていなかった時間に構内に入ったと証言した。

「自宅付近に焼夷弾が落ちてきたので、家族3人で東のほうへ逃げました。防空壕は入れなかったので、仕方なく御堂筋まで逃げると、地下鉄の出入り口のシャッターが開いていました。その頃はまだ、心斎橋あたりは燃えていませんでした」

「構内に入ると、ホームにござや布団を敷いて座りこんでいる人が大勢いました。しばらくすると難波のほうから電車が入ってきました。駅員が『梅田のほうは大丈夫。乗りなさい』と言うので、梅田まで逃《のが》れることができました」

「夜が明けて自宅へ戻ろうと桜橋《さくらばし》（現北区）あたりまで行くと、南のほうは焼け野原でした。あのとき地下鉄に乗って避難していなかったら、どうなっていたかと感謝しています」

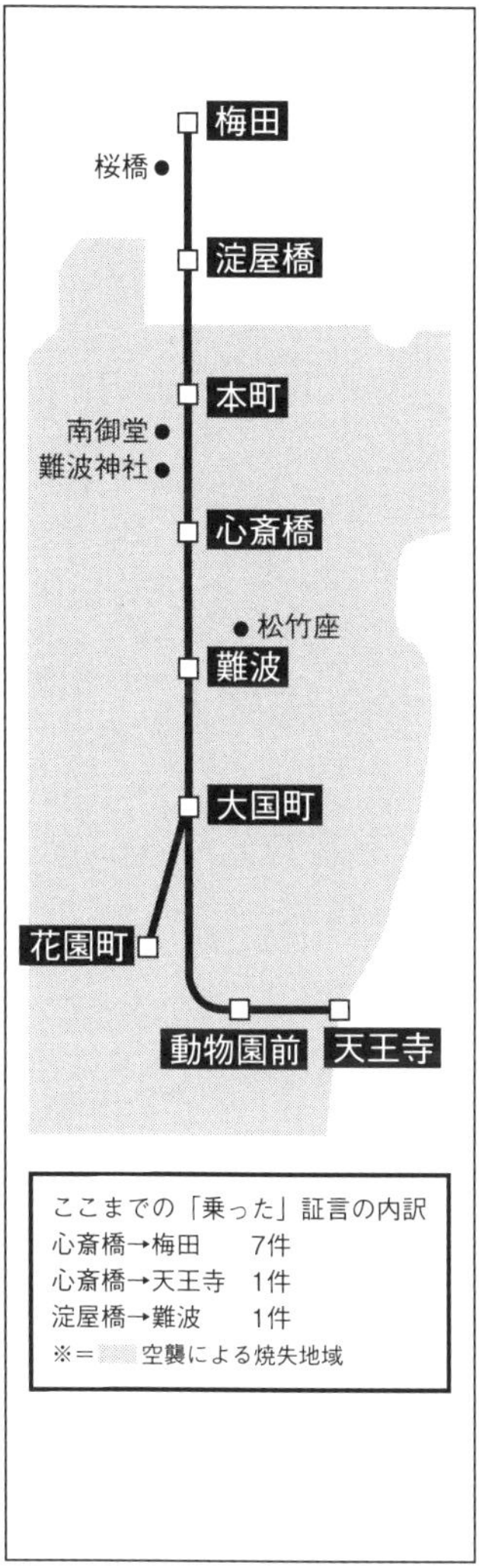

## 東京では厳禁だった地下鉄への避難

戦時中に地下鉄が走っていたのは、大阪と東京だけだった。そして、大阪も東京も、地下鉄沿線で米軍の激しい空襲を受けた。

東京では、救援電車は走らなかったのだろうか。

安藤は、元職員からの聞き取りを進めるかたわら、東京の地下鉄についても調べることにした。

東京では1927（昭和2）年、浅草―上野間で日本初の地下鉄が開業した。

大阪の地下鉄が大阪市の直営で建設が進んだのに対し、戦前の、東京の地下鉄建設の経緯は少し複雑だった。

浅草―上野間を建設したのは東京地下鉄道で、民間企業が経営する地下鉄だった。7年後の1934年には新橋まで延伸され、浅草―新橋間が開通した。

一方で、東京高速鉄道という別の民間会社が1939年、渋谷―新橋間で開業した。これにともない、両社が相互乗り入れするという形で、浅草—渋谷間の直通運転をはじめた。これが現在の東京メトロ銀座線14・3キロにあたる。

戦時色が色濃くなると、首都の中心部を走る地下鉄は戦時体制に組み込まれることになった。東京地下鉄道と東京高速鉄道は統合され、帝都高速度交通営団となった。戦時中は同営団が地下鉄を運営した。


東京の地下鉄は、大阪の地下鉄と少し様相が違った。

既存の道路の地下をそのまま利用して建設されたため、カーブが多く、トンネルの深度は浅く、駅の天井《てんじょう》も低かった。ホームの長さに限りがあり、３両編成での運転が限界だった。

空襲にどこまで持ちこたえることができるかという点では、トンネルの深度が浅いのは致命的だった。空襲時の地下鉄構内への避難は禁止されていた。

地下鉄への避難禁止が徹底されるようになったのは、１９４５年1月のいわゆる〝銀座空襲〟からだった。

銀座空襲では、銀座駅や周辺が５００キロ爆弾の直撃を受けた。駅やトンネルが大きく破壊されてしまった。加えて、道路に埋設された水道管の破損で、大量の水がトンネル構内に流れ込み、大規模な浸水《しんすい》被害が出てしまった。

爆弾に対する脆弱《ぜいじゃく》性が明らかになったうえ、地上の火災によって生じた火炎や煙が構内を吹き抜けたり、水道管や上部を流れる河川から大量の水が一気にトンネルに流れ込む危険性が指摘された。

「空襲時には地下鉄に避難しない」

「空襲がはじまれば運転をただちに止めて、乗客を避難させる」

この二つが徹底されるようになった。

5月の〝山の手空襲〟では、地下鉄が〝煙攻め〟に遭《あ》った。

空襲がはじまって送電が止まり、停電したため、渋谷行き電車が神宮前駅（現表参道駅）で立ち往生してしまった。乗客をただちに地上へ避難させなければならなかったが、地上は無数の焼夷弾で火の海だった。

やむなく地下構内にとどまっていると、通風口から大量の煙がトンネル内に逆流してきた。乗客はどこにも逃げられなくなり、あやうく全員が窒息《ちっそく》するところだったが、少年運転士と少女車掌の機転で、線路にうつ伏せになってなんとか呼吸をつづけた。ようやく地上の火災がおさまり、渋谷駅までトンネルを這《は》うように進み、なんとか助かったという。

安藤は『営団地下鉄五十年史』などの文献に当たった。

空襲時に地下鉄構内へ避難することの危険性を強調した記述はいたるところで見つかった。一方で、被災者を避難させるために電車が運転されたという記録はついに見つからなかった。

## 大空襲直後に「一番電車」が走ったのか

松本の手元には「私も救援電車に乗った」という証言が、次々と寄せられていた。内容を確認して整理するのが精一杯で、中身を分析《ぶんせき》、検証する時間までとれなかった。

ただ、「一番電車（初発電車）が運転された」という証言が多いことにはすぐ気がついた。

3月14日未明の大阪大空襲では、午後11時57分から午前3時25分まで焼夷弾が投下された。初発電車の時間が午前5時頃だったとすると、少し時間が空いてしまう。

そもそも大空襲の直後に、通常ダイヤで初発電車を運転できたのか疑問が残る。松本はそんなことを考えながら、証言に目を通しつづけた。

### ▼「火が地下にも入った」と父【心斎橋→梅田】

当時国民学校2年生だった女性は、一緒に避難した父親から聞いていた。

「私はその電車に乗って心斎橋から梅田に行ったことを覚えています。空襲になって逃げ出し、いろいろなところを通って地下鉄心斎橋駅に逃げ込みました。地下鉄に乗ったことははっきりと覚えています。曽根崎《そねざき》警察（現北区）で罹災《りさい》証明をもらい、曽根崎小学校で2日ほど過ごしました」

「父の話では『初発の電車が走った』とのことでした。『自分たちが避難した後は、火が地下にも入り電車は動かなかった。乗ることができてよかった』とも言っていました」

### ▼猛火の中を逃げ回った末に【本町→難波】

難波駅近くの自宅で被災した当時27歳の男性は、猛火の中を3～4時間避難したことを詳細に証言した。

写真８　当時の本町駅。心斎橋行きの100形電車が写る

そのなかで「一番電車」に乗ったという。

「消火に当たっていましたが、猛火が迫ってきたので、父と二人で道頓堀《どうとんぼり》の戎橋《えびすばし》付近まで避難しました。松竹座の前の消防署の消防車は、ガソリンがなくなり放置してありました」

「その後、御堂筋を北へ逃げて、心斎橋のそごう百貨店の地下室に通じる階段に避難しました。しかし、『東京の二の舞（編集部注：関東大震災のことか）になっては困る』と、御堂筋の火の粉の間隙《かんげき》をぬって、本町《ほんまち》あたりまで逃げました」

「地下鉄の本町駅のホームに入りました。午前4時頃、一番の地下鉄が運行したので難波まで行きました」

「難波駅構内は避難した人でいっぱいでした。

地上に上がって西のほうを見ると、一望の焼け野原になっていて驚きました」

## ▼改札もホームもすいていた【心斎橋→梅田】

当時国民学校2年生で8歳だった女性の証言。一緒に逃げた家族から聞いたのか、状況がよくわかる詳細な手記だ。

「祖父が町内会の役員をしていました。一家4人で町内の人とともに、そごう百貨店の地下に避難しました。地下には荷物の出入庫のような棚《たな》やカウンターがあり、そのあたりに座っていました」

「しばらくして、私たちに乾パンの差し入れをしてくれた人たちに『そごうの上階が焼けてきた。地下鉄の一番電車が出るので、それで梅田に逃げてください』と言われました。心斎橋駅の改札に行き一番電車に乗りました。改札口もホームもすいていました。梅田まで行って、曽根崎小学校で一夜を明かしました」

## ▼警官が「ついてきなさい」【心斎橋→梅田】

当時、女学校に在籍していた女性は、姉の子どもの入院に付き添っていた病院で大空襲に遭遇《そうぐう》した。送られてきた手記には、地理的に不案内な場所での被災に戸惑《とまど》う様子が綴《つづ》られていた。

「初発電車が出る」と話す警察官とともに乗車している。

「夫が出征中《しゅっせい》だった姉が里帰りしていたところ、連れていた幼児が病気になり、南警察署（南区、現中央区）の前にあった病院に入院しました。その夜、大空襲に遭いました」

「病院の地下室に避難するように勧められましたが、地下室の窓枠すべてに火がついていました。急いで地下室を出ると、すでに玄関から奥は火の海になっており、目の前の焼夷弾を蹴落としながら外に出ました」

「夢中で走っていると『三和銀行の地下に入れ』との声が聞こえました。その声についていきましたが、地下室はいっぱいでした。仕方なく大丸百貨店の地下に行くことにしました。

ビルとビルのあいだを火の塊《かたまり》が、暴風に乗ってゴーゴーとうなりながら私たちを襲ってきました。いまもその音が耳に残っています」

「大丸の地下室に入って、少しホッとしたのもつかの間、『屋上が燃えてきた。隣組班長の指示にしたがえ』と言うではありませんか。困り果ててしまい、私たちの前にいた警察官に『病院からここまで逃げてきた』と話しました」

「すると警察官が『私はこれから書類を持って曽根崎署まで行く。間もなく一番の地下鉄が出るから私についてきなさい』と言ってくれるではありませんか。

猛火の暴風が吹きつける外に出て、必死で地下鉄心斎橋駅の入り口へと走りました。私たちはたしかに一番電車に乗せてもらって、梅田まで出ることができました」

### ▼駅員が「初発電車が来る」【心斎橋→梅田】

駅員から「初発電車が来る」と聞いたのは、当時24歳で軍需工場に勤めていた男性だった。

「御堂筋に逃げると火の粉の海でした。御堂筋から入る地下道を抜けて大丸百貨店の地下に避難しました。地下道に入ってしばらくすると『火の粉が入ってくる』といって出入り口のシャッターが閉まってしまいました。地下道にいたのは20人ほどでした」

「午前5時過ぎ、駅員が『一番電車が来る』というので改札口からホームに入りました。難波方面からの乗客もいましたが、焼け出された格好の人もいましたが、こざっぱりとした人もいました。車内はすいていました」

「梅田まで乗りました。曽根崎小学校で握り飯をもらい、目を洗ってもらいました。そのあと雨が降ってきたように思います」

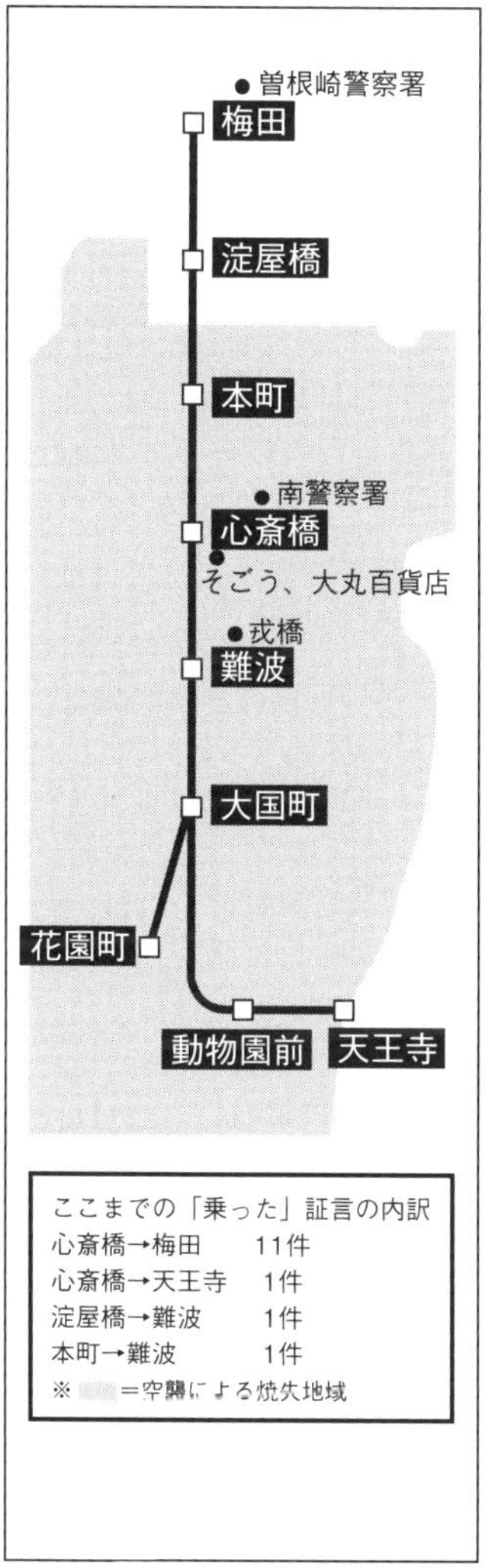

## 戦時下、運行ダイヤはあってなきがごとし

「初発電車に乗った」という証言が出てきても、当時の地下鉄がどのようなダイヤ（列車運行図表）で運行されていたのか、よくわからなかった。

初発の時間がわからなければ、証言のなかに出てくる電車の運行が特別なものだったのか、通常の初発電車だったのか、判断できなかった。

松本は、元職員からの聞き取り調査をつづけている安藤に相談してみることにした。安藤も当時のダイヤについて関心を持っていた。元職員からの質問項目に、運行ダイヤについての質問を加えていた。

しかし、明快な回答は得られていなかった。

「ダイヤはあってないようなもの」

「ダイヤはなかった。動かすことができる車両がそろって、乗務員が出勤してきたら運転していた」

もちろん公式文書は残っていなかった。

本当に運行ダイヤはなかったのか。

安藤は、戦前の資料に加えて、数少ない戦時中の資料に当時の職員の証言を加味して、ダイヤの復元を試《こころ》みていた。

梅田—難波間の営業運転がはじまった１９３５（昭和10）年10月、

・梅田駅の初発は午前５時、終発は午前０時15分
・難波駅の初発は午前４時45分、終発は午前０時

しかし、電力の使用制限がはじまった１９３８〜39（昭和13〜14）年には、終発時刻が45分繰り上がって午後11時半（梅田駅）になった。そして、早朝・深夜の乗客が少ない時間帯は、通常の３両編成ではなく１両での運転になる。

大阪市営地下鉄の「戦時ダイヤ」の原型はこんな形だった。

・初発午前５時頃
・終発午後11時半頃

・午前7時から午後10時まではほぼ3分間隔で3両編成運転

そして、戦局の悪化とともに、資材不足が深刻になって故障車が続出する。1944(昭和19)年10月には、朝夕ラッシュ時に5分間隔の運転となった。

また、車体の保護のため、最高時速をそれまでの58キロから40キロに落とさざるをえなくなった。それまで、14分半で運転していた梅田―天王寺間は20分もかかるようになった。

1945年に入って空襲が激しさを増すと、運行ダイヤは有名無実化した。

ある元運転士は、当時をこのように振り返ってくれた。

「警報が出たり、空襲があると、運転士も車掌も出勤できなくなります。勤務表をつくっても、そのとおりの勤務ができない日が多かったですね」

「出勤してきた職員が、動かせる電車を運転するといった感じの運行がつづきました。20分間隔での運転がやっとの状態でした」

やはり「ダイヤはあってなきがごとし」の状況だった。

とはいえ、もとになるダイヤがなければ、車両の整備も乗務員や駅員の配置もできない。ギリギリの状態のなかで、できる限りの運行を維持しようと踏ん張ったにちがいない。

３月14日未明の大空襲直後の新聞を見ていくと、空襲後の市電、市バス、地下鉄の運行について記事が載っていた。市電の車両やバスに大きな被害が出たため、運行本数を大幅に減らさざるをえなくなったことを伝えるためだろう。

大阪市電気局は市電とバスの混雑緩和《かんわ》のため、16日から罹災者と定期券所持者を優先して乗車させる区間を発表した。そのなかに「地下鉄」の項目があり、「午前５時15分から午後11時まで通常運転」となっていた。

空襲の影響で、午前５時15分の初発時間と午後11時の終発時間は、多少前後に動いていたかもしれない。また、乗務員の出勤状況や車両のやりくりで、日によって繰り上げられたり、繰り下げられたりしている可能性もあった。

松本と安藤は、このような資料をもとに、大阪大空襲時のダイヤを導き出した。

・初発午前５時～５時半頃

・終発午後11時～11時半頃
・運転間隔20分に1本程度
・梅田―天王寺間の所要時間20分

## 「謎」解明の決め手は心斎橋

寄せられる証言の大部分が「心斎橋駅から乗った」というものだった。松本は、心斎橋駅が決め手になりそうだと考えた。

安藤も同じ意見だった。

そして、心斎橋駅に避難したという証言の多くが、当時の駅構内の様子や心斎橋周辺の火災の状況について、くわしく触れていた。

「なぜ心斎橋の証言に中身のくわしいものが多いのだろうか」と松本は不思議に思った。その理由はおいおい明らかになってくる。

ともかく、証言は多ければ多いほどいい。

救援電車に乗ったという人のもっと具体的な証言と、できれば救援電車を運転したという乗務員やホームに誘導したという駅員の証言がほしい。

松本も安藤も欲求の水準がどんどん上がっていった。

### ▼地上の地獄がウソのよう【心斎橋→梅田】

亡くなった姉から聞いたという話を寄せてくれた女性がいた。体験した亡き姉にとっても、話を聞いた妹にとっても、忘れられない出来事だったにちがいない。

「大空襲のとき私は留守だったので、亡き姉から聞いた話です。自宅は心斎橋から東へすぐのところにありました。最初は自宅にも付近にも焼夷弾は落ちなかったのですが、気がついたときには周囲から火が迫っていたそうです」

「御堂筋は、道幅一杯に川のように火の粉が流れていたので、大丸横の地下鉄の入り口に逃げ込みました。地下鉄は動いていて、母と姉と近所の人たちは梅田まで逃げて、やれやれと思ったといいます。当時、空襲のときには地下鉄に逃げることが禁じられていて、地下鉄の中は地上の地獄《じごく》がウソのようだったと話していました」

## ▼構内はトイレの水洗も出た【心斎橋→天王寺】

心斎橋駅の近くに住んでいて空襲に遭った人の多くが、火に追われるまま、道幅の広い御堂筋に避難した。しかし、あまりの火勢に、地下鉄駅の構内や百貨店の地下室に逃げ込んでいる。

次の証言も、心斎橋付近に居住していたという女性からだった。

「地下鉄電車はたしかに来ました。火に追われて御堂筋に避難しましたが、大丸百貨店あたりで危なくなり、地下鉄の構内へ入りました。地下は電気がつき、トイレの水洗も出て、平常と変わりない明るさでした」

「ホームへもたくさんの人が降りてきました。入ってきた入り口へふたたび上がってみると、金網が下ろされていて出入りできなくなっていました。空が真っ赤で、ムッとするような温度を感じました」

「朝方、いつもの始発電車のように電車が入ってきました。ホームいっぱいの人たちは、天王寺へ、梅田へと乗っていきました。私は天王寺へと乗っていきました」

### ▼警防団が「地下鉄が動く」【心斎橋→梅田】

当時６歳の男性は、警防団から地下鉄が動くと聞き、祖母と救援電車に乗ったという。

「当時54歳の祖母と猛火の中を避難しました。心斎橋近くの長堀橋《ながほりばし》あたりまで行ったとき、消防車が通り、近所の警防団で知り合いだった人から地下鉄が動くと聞きました。たぶん午前５時頃の初発電車だったと思います。心斎橋駅から乗って、梅田に逃げました」

### ▼地下通路にも煙が充満【心斎橋→梅田】

父母と姉の４人で避難したという当時幼稚園児だった女性は、地下で煙に巻かれそうになって、地下鉄に乗り込んだ。

「いつもなら近くの防空壕に入るのですが、当夜は大丸百貨店の地下通路に逃げ込みました。地下にも煙が充満しだしたので、地上に逃げ出そうとしましたが、シャッターが下りていました。逃げ惑う人々に『地下鉄のほうへ』と大声で誘導してくれる人がいました。地下鉄に飛び乗って梅田に逃れることができました」

### ▼大丸百貨店も燃え出した【心斎橋→梅田】

当時国民学校4年生、9歳だった男性は避難が遅れて、逃げ場を失いかけて心斎橋駅に逃げ込んだようだ。

「母親が『わが家は鉄筋の三階建てで燃えない』というので最後まで自宅にいました。しかし、大阪全部が真っ赤になるほどの火災になったので避難しました」

「やっとの思いで御堂筋まで出ましたが、大丸百貨店の5階から上がすでに燃えていました。地下鉄駅に入り、数時間は改札前にいたように思います。しばらくして地下鉄に乗り、梅田まで出て叔父の家に向かいました」

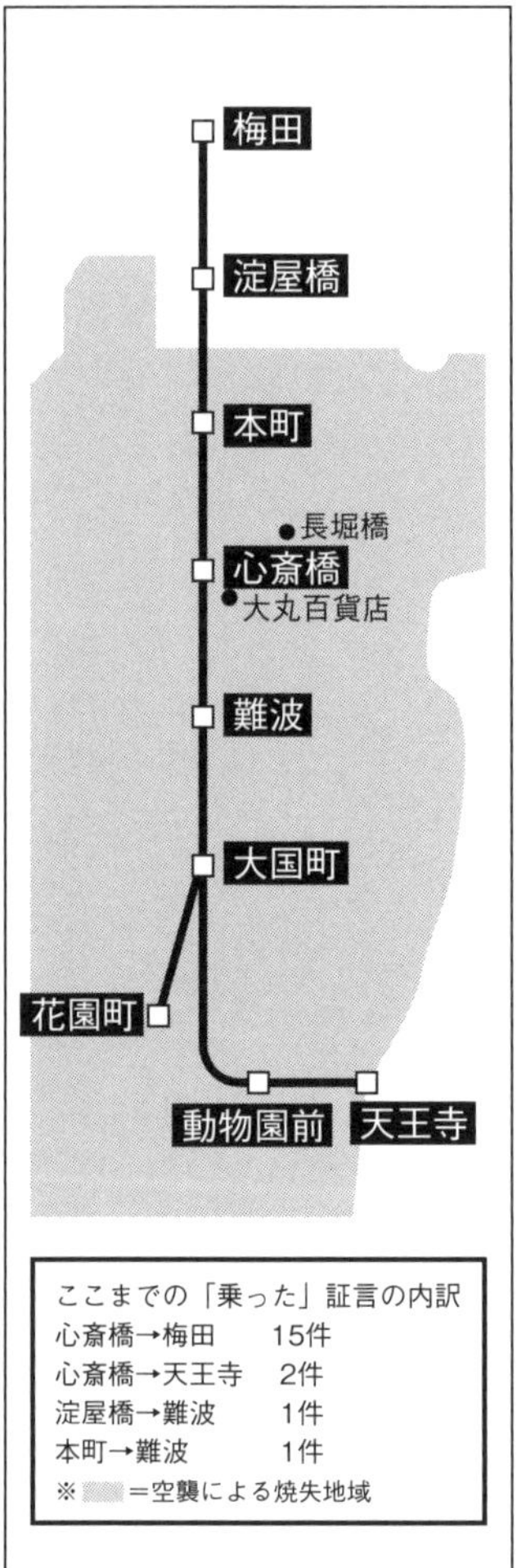

## 「回送として動かしたかもしれない」という駅員証言

救援電車に半信半疑だった安藤も松本も、「私は乗った」という証言がこれだけ届くとは思っていなかった。互いに連絡をとると、「もう〝謎〟とはいえなくなりましたね」と言葉を交わすようになっていた。

とはいいながら、決め手に欠けていた。

たとえはあまりよくないが、事件捜査でいえば、状況証拠はたくさんあるが犯罪を確定させる物的証拠を欠いているようなものだった。

劇的な展開は突然やってきた。

ついに安藤が、当夜に心斎橋駅で勤務していたと見られる男性を見つけた。

塚本勉《つかもとつとむ》は中国大陸から復員して、大阪大空襲当時、心斎橋駅で監督（現在の助役補）をつとめていた。心斎橋駅は難波駅と合同で勤務態勢が組まれており、助役が２人、監督が２人在籍していた。助役が不在のときには、監督が駅の責任者だった。塚本は心斎橋駅の管理職だったといえる。

塚本は「心斎橋駅では20人ほどの職員が働いていました。助役、監督以外は女子が多く、国民学校の高等科を卒業したばかりの子どもたちでした」と振り返る。

非番のときに警戒警報、空襲警報が発令されても、呼び出されることはなかった。しかし、自主的に駅に駆けつけたという。

自分の駅を守るのは地下鉄マンの使命だった。

「いつの空襲のことだったか記憶があいまいだが」と前置きしたうえで、「避難してきた一般市民の方が大勢、出入り口のシャッターの前に座っておられました。シャッターを開けてホームへ案内したことを覚えています」と話した。出入り口のシャッターは、終発電車が出ると閉めていたという。

大阪は3月の大空襲の後、8月14日まで、何回も大空襲に見舞われている。そのたびに被災者が地下鉄の出入り口に逃げてきたとしてもおかしくはない。

ただ、心斎橋駅周辺は、3月14日未明の大空襲で焼け野原になった。その後の空襲で焼け出された人が押しかけるという状況は少し考えにくい。

大阪大空襲の最中に、心斎橋駅で大勢の被災者をホームに誘導したのは、駅員だった可能性が高いことがわかった。

そして時間をおかず、難波駅で勤務していた男性も見つかった。当時監督をつとめていた伊《い》藤《とう》秀雄《ひでお》は、大阪大空襲の夜、難波駅で泊まり勤務についていた。この夜のことを鮮明に覚えていた。

「大国町《だいこくちょう》駅の近くにあった大国寮の仮泊所へ泊まりにいくことになっていました。しかし、地上が火の海だったので、難波駅の北係員室で雑《ざ》魚《こ》寝《ね》しました」と話した。

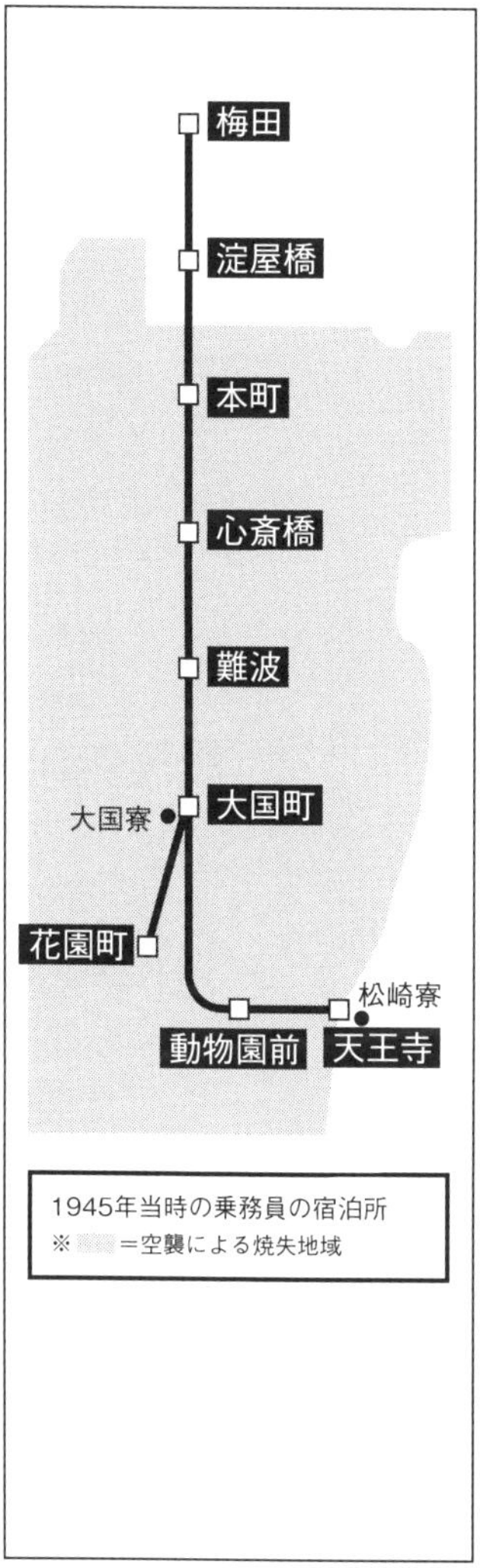

「動物園前駅が爆風に遭って被害を受けましたが、ほかの駅に被害はありませんでした。地下鉄は防空壕の役目をしていたので、出入り口のシャッターは閉めなかったと思います」とも話した。

そして、救援電車について重要なことを記憶していた。

「営業車としてではなく、回送として動かしたかもしれません」

「回送電車」という証言は初めてだった。

回送電車に乗客を乗せることがあるのか？

なぜ空襲の最中に回送電車？

わざわざ回送電車を走らせる理由があったのか？

松本も安藤も、次から次へと疑問が出てきた。

## 職員のお迎え電車が走ったのか？

救援電車が特別に運行されたものではないとすれば、どのような電車だったのか。
難波駅の監督だった伊藤が証言した「回送電車」もその一つだった。
そのほかに安藤は、

・職員電車
・防空要員電車
・初発電車

この３つの可能性を挙げた。
安藤と松本は一つずつ検討してみることにした。

まず「職員電車」だ。これは第１章で元運転士の堀田が指摘していた〝職員のお迎え電車〟のことだ。初発電車が走る前に、乗務員や駅員をそれぞれの駅に運ぶ職員専用の電車を運転した。
当時、天王寺駅の近くに「松崎寮」、大国町駅の近くに「大国寮」があった。泊まり勤務の職員は宿泊所で仮眠をとり、職員電車で持ち場の駅におもむき、初発電車の運行に備えた。

ホームにいた被災者は、たまたま入線してきた職員電車に乗ったのではないかとの見方だ。

ただ、職員電車が走ったということ自体に疑問があった。

この日の夜は、午後11時に警戒警報が発令され、午後11時20分には空襲警報に切り替わった。終発電車の時間帯だから、泊まり勤務の職員は宿泊所に移動して仮眠をとろうとしていただろう。

しかし、警報が発令されたというのに、そのまま仮眠をとれただろうか。防空態勢をとったのではないか。4日前には東京が、2日前には名古屋が大規模な空襲を受けているからなおさらのことだ。

宿泊所が被災したかどうかは不明だが、宿泊所があった大国寮や松崎寮は、激しい空爆を受けた地域にある。米軍機が次から次へと焼夷弾を投下し、多くの被災者が周辺で逃げ惑っているというのに、「早朝から勤務だ」といって寮で仮眠などとっていられる状況ではない。

難波駅の監督だった伊藤が証言するように、難波駅の泊まり勤務者は宿泊所に行けず、駅の係員室で一晩中待機している。

大空襲の混乱のなかで、通常の泊まり勤務ができたとは思えない。当直職員はそのまま各駅にとどまり、翌朝を迎えたはずだ。職員電車を通常どおり早朝に運転することはなかっただろう。

## 防空要員電車が走ったのか？

次に「防空要員電車」について検討した。防空要員とは、焼夷弾による火災などから職場を守ることを命じられ、消火や重要書類の持ち出しに当たった人々のことだ。夜間などに警報が出ると、持ち場に駆けつけなければならなかった。

防空要員電車は、警戒警報や空襲警報が発令されて電車が運転できなくなったとき、官公庁や企業、団体の防空要員を運ぶために特別に運行される電車だった。地下鉄だけでなく、国鉄、私鉄、市電なども防空要員電車を運行した。

安藤が大阪市公文書館で調べたところ、大阪市電気局は１９４２年12月から防空要員電車の運転をはじめていたことがわかった。

地下鉄に関するものは残っていなかったが、市電については１９４３年１月に出された

「警察消防官吏《かんり》其《そ》の他防空要員輸送特別運転に関する件」という通達が残っていた。

発令された警報は警戒警報か、空襲警報か。

警報が発令されたのは日没後か、日没前か。

それぞれの状況に合わせて、細かく7通りに分類して規定していた。

基本的には、日没から未明にかけて警報が出たときは、初発電車の時間まで運転すると定められていた。

これは市電の場合なので、そのまま地下鉄に当てはまるわけではない。ただ、防空要員電車が通常の営業運転をしていない深夜の運行に重点を置いていたことがわかる。勤務している人が自宅に戻って、手薄になった時間帯の空襲に備えるためだ。

寄せられた証言にこんな手記があった。救援電車と直接関係しないが、防空要員電車についての手がかりがありそうだった。

当時、大阪市此花《このはな》区の神武一七二四工場（編集部注：軍需工場のことか）で勤務していた男性は、大阪府の南西部にある泉大津《いずみおおつ》市の自宅で遅い夕食を食べているときに、警戒警報が発令された。そして空襲警報に切り替わったという。

「出勤の準備をしていたらラジオが『大阪の空襲が終わりしだい交通機関は運行するので、防空関係者はすみやかに出勤を』と呼びかけていました」

「空襲警報の解除を待って南海電車助松駅（現松ノ浜駅）に急いだんですが、なかなか電車が来ません。やっと来た難波行きの電車に乗りましたが、堺《さかい》の手前の湊駅《みなと》止まりでした。午前5時ぐらいだったと思います」

「やむをえず、旧紀州街道を大阪に向けて歩きました。顔や手を真っ黒にして、風呂敷包みややかんを手に、ボロボロの着物を引きずるように避難してきた人たちに出会いました。地下鉄の大国町駅までひたすら歩きました」

助松駅から湊駅まで電車で20分ぐらい。そのあと旧紀州街道を大国町駅まで約10キロを歩いたことになる。3時間くらいかかっただろう。

「大国町まで来たら地下鉄が動いているというではありませんか。階段も出入り口も通路も避難の人たちであふれていました。人をかきわけてホームへ向かい、気がついたら梅田に着いていました」

大阪大空襲の夜、「空襲が終わったら、交通機関を運行させるので防空要員は職場へ向かうように」というラジオ放送を聴いた人は多い。大阪市内へ向かう路線で、防空要員電車が運転された可能性は高い。

ただ松本は、「空襲が終わったら」という部分がひっかかった。

防空要員電車は、空襲に備えてそれぞれの職場に防空要員を運ぶ特別な電車だったはずだ。空襲が終わってしまったら、それは防空要員というよりも、単なる〝後片づけ要員〟になりかねない。

3月14日未明の大空襲は、それまでの空襲とはまったく様相が異なっていた。大量の米軍機が来襲するやいなや、あっという間に大阪の中心部は火の海になってしまったのだ。大阪市内で防空要員電車を走らせたくても、走らせることができなかっただろう。

空襲直後の大阪市内では、省線《しょうせん》（国鉄線の旧称）の城東線《じょうとう》（大阪―天王寺間の旧称。現大阪環状線の一部）も、市電も大きな被害を受けた。南北を結ぶ交通機関でまともに動いていたのは地下鉄だけだった。

松本は「防空要員を乗せるために運行しようとしたが、結局、被災者や一般の乗客を乗せて運転することになったのかもしれない」と予測した。

一方で「それで本来の意味の防空要員電車といえるのか」とも思った。

## 初発電車が走ったのか？

最後の「初発電車」の可能性はどうだろうか。職員電車や防空要員電車に乗ったという証言は一つもなかったが、「初発電車に乗った」という証言はかなりの数にのぼった。

ただ、「運転した」「運行させた」という運転士や駅員の証言はないから、本当に初発電車として走ったのかどうかは定かでない。

当時の初発電車は午前5時～5時半頃に運転していたとみられる。もちろん「ダイヤはあってなきがごとし」だから、あくまでも目安だ。

米機は、３月13日午後11時57分に焼夷弾の投下をはじめ、14日午前３時25分に焼夷弾の投下を終えている。そして、午前３時30分に空襲警報が解除になった。

時間的に見て、午前2時頃の大阪市内では、あちこちで大火災が発生していたとみていいだろう。

午前2時～午前5時頃までに運転されていれば、初発電車だったとは考えにくい。午前

5時半以降であれば、初発電車だった可能性がある。

寄せられた証言のなかには、救援電車に乗った時間を記したものがいくつもあった。初発電車だったかどうかを判断する手がかりとなる。そのなかから4本を紹介しておこう。

ただ、松本は、「猛火に追われて避難するなかで、冷静に時間を確かめる余裕があっただろうか」と思った。どこまで正確な時間だったかについてはやや疑念があり、あくまでも目安になる時間と考えることにした。

▼イチョウ並木がすべて燃えた【心斎橋→梅田】

当時13歳だった女性は「午前3時頃」に地下鉄に乗って、心斎橋から梅田に逃げたという。この「午前3時」は相当あやふやだ。ただ、午前5時よりははるかに早い時間帯だったとみられる。

「焼夷弾の直撃は受けませんでしたが、四方から火勢が迫ってきました。私たちは、火がおさまれば帰宅するつもりで、鍵《かぎ》をかけて外に出ました」

「御堂筋まで逃げましたが、イチョウ並木の枝葉がすべて燃え盛り、火の粉やこぶし大の火の塊が台風の突風のように流れていました。リュックに降りかかる火の粉を何度も振り払いました」

「地下鉄が動いていると聞いて地下に入りました。梅田まで地下鉄に乗りました。はっきりわかりませんが、午前3時頃ではなかったかと思います」

「大空襲ですべてが灰になりました。しかし、家族全員が元気に立ち直ることができました。あの夜、もし地下鉄が動いていなかったら、私たちはどこへ逃げることができたかと思います。当時をありがたく思い出しています」

### ▼煤だらけの顔、脅威の目【心斎橋→梅田】

大阪府立夕陽丘《ゆうひがおか》高等女学校の1年生だった女性も、おそらく同じ頃心斎橋駅にいたとみられる。この女性は「午前3時半から4時頃」と記憶していたが、やはりあやふやだ。

「当時、自宅で履物卸《おろし》業を営《いとな》んでいました。まわりに焼夷弾が落ちて、防空壕の上を火がなめるようになってきたので、御堂筋へと逃げました。逃げ惑う人の群れで右往左往しているあいだに、家族と離れ離れになりました」

「気がつくと小学1年の弟の手を引いて、心斎橋駅の入り口にいました。午前3時半から

4時頃だったでしょうか。心斎橋から梅田まで、たしかに地下鉄は運行されていました。そんなに混雑しておらず、梅田駅の構内を出たところで朝を迎えました」
「キタは焼けておらず、煤《すす》だらけの顔の私たちは脅威《きょうい》の目で見られました。いまでも思い出します。地下鉄はたしかに動き、梅田に逃げ延びて今日あることは確かなことです」

救援電車に乗って心斎橋から梅田まで逃げて、梅田から阪急電車の初発電車に乗ったという証言が2件寄せられていた。時刻はよくわからないが、阪急の初発に乗ったということは記憶していた。

当夜の空襲で、大阪の北部を路線に持つ阪急は、起点となる梅田駅を含めて、ほとんど被害を受けなかった。阪急の初発電車は午前5時過ぎだったことが確認されている。逆算すると、心斎橋を午前3時～4時頃に乗ったことになる。

▼炎の竜巻、火の粉の熱風【心斎橋→梅田】

当時14歳で、心斎橋に近い大阪市南区（現中央区）塩町通《しおまちどおり》に両親、兄と住んでいた女性は、「花火のように一面に落ちてきた焼夷弾が、一本北の通りに落ちて、しだいに自宅の

写真９　３月 13 日深夜から 14 日未明にかけての空襲で焼け野原となった大阪市内。右は御堂筋で、本町あたりから南を見る。写真の上部に心斎橋あたりの建物と白煙がみえる。（1945 年 3 月 14 日）

ほうへ燃え広がってきました」という。

向かいの家が燃え上がったのを見て、毛布をかぶって御堂筋まで逃げた。御堂筋にかかっていた新橋《しんばし》の上で、家族5人かたまって猛火を避けていた。

「北のほうに見える南御堂が燃え上がり、大きな火柱が立って火の粉が一面に降ってきました。その後、ゴオーッという音とともに炎の竜巻《たつまき》が起こりました。いまにも火の粉の舞う熱風に飛ばされそうで、この世の地獄を見た思いでした」

そのとき、「地下鉄が開いているぞ」という大声が聞こえた。橋の上にいた大勢の人が、地下鉄の入り口の階段を駆け下りた。切符を買うとかいうこともなく、雪崩《なだれ》を打ったように改札口を通り抜けて、ホームに入ったという。

「ホームには避難してきた人が大勢いました。しばらくして難波方面から電車が入ってきたので、みんな喜んで梅田まで行きました。母の実家が阪急仁川《にがわ》（兵庫県西宮市）にあったので、私たちは一刻も早くそこへ向かおうと思っていました。阪急電車の梅田駅で初発をしばらく待ち、仁川駅に着いたときは空が白みはじめていました」

## ▼憲兵が誘導してホームへ【心斎橋→梅田】

もう1件も、心斎橋の近くに住んでいた女性の証言だ。阪急電車の初発に乗ったことを含めて、この日のことを詳細に覚えていた。

当時女性は、四ツ橋《よつばし》にあった電気科学館（現大阪市立科学館）のそばで下宿していた。火炎の高熱で電気科学館の窓ガラスが次々と破れ落ち、故障したサイレンが鳴りっぱなしのなかを、友人とともに、お互いに衣服の火の粉を消し合いながら御堂筋へ避難した。

ようやく大丸百貨店の前まで来たが、御堂筋は熱風と火の粉が渦巻いていてとても危険な状況だったという。

「そのとき、地下鉄の入り口にいた憲兵が『ここへ入れ』と誘導してくれました」

「地下鉄の構内は電気がついていました。構内の人がいっぱいになったとき、『梅田まで自家発電で送る。難波はだめだが梅田は無事だから』と地下鉄で梅田まで送っていただきました」

「時計を紛失《ふんしつ》したので、正確な時間はわかりませんが、阪急梅田駅で、京都行きの初発電車まで2時間ほど待ったと思います。あのとき、地下鉄が動いてなかったら、もっともっと死傷者が増えていたと思います」

女性の手記はこう締めくくられていた。

「戦争は絶対起こしてはいけません。若い方たちはいまの物のあり余る時代に、もったいないということを思い出し、平和をつづけて、私たちのような苦労をしなくてすむことを心から念じています」

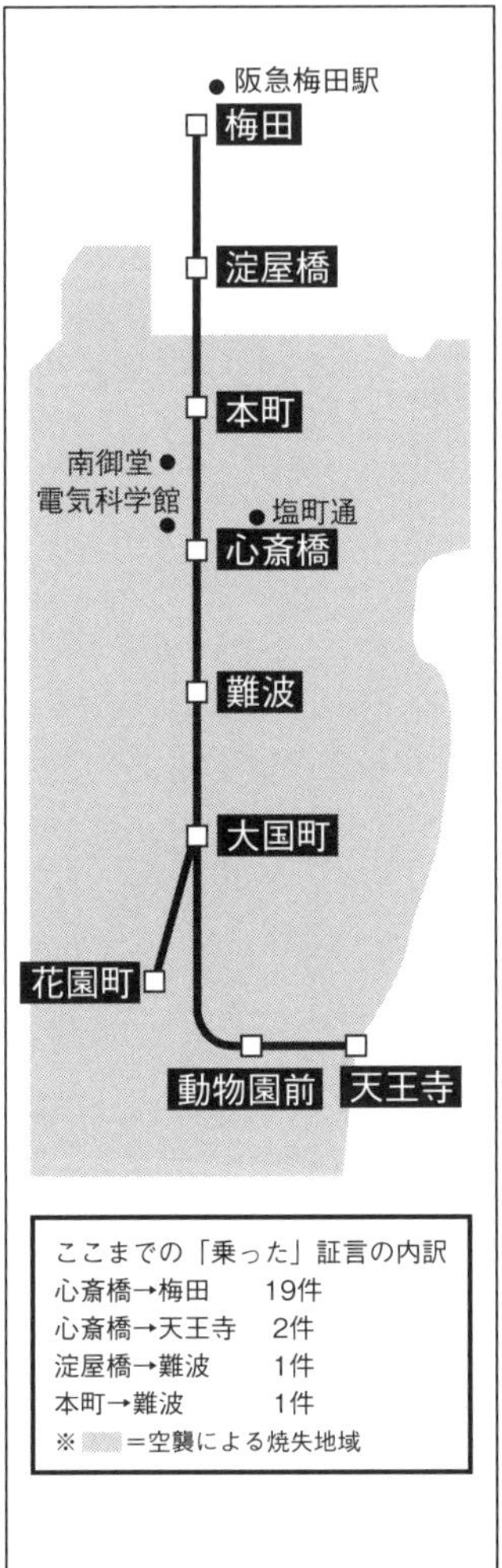


どの証言者も、明確に時間を記録していたわけではない。しかし、午前5時より前に救援電車に乗っていたのは間違いないようだ。

心斎橋付近の御堂筋は火の粉が川のように流れ、炎の暴風が吹いていたと口をそろえて話していることを考えると、まだ空襲の最中だった可能性が高い。

松本は「初発電車が運転されるよりも早い時間帯に運行された救援電車があるはずだ」と結論づけた。

# 第3章　命を運んだ電車は3本あった
## ——見えてきた救援電車の全貌

## 運転を途中で打ち切った最終電車があった

職員電車ではない。
防空要員電車ではない。
初発電車でもない。
それでは特別に走らせた電車だったのか。

安藤は、元運転士の堀田が「特別な電車を走らせたとは思えない」と証言していることを重く見ていた。

一方で松本は「大勢の被災者が駅に避難してきたのを見て、現場の運転士がとっさに運行したのではないか」と考えていた。

しかし、市電の運転士歴が長く、大阪交通労働組合の幹部をつとめたこともある花房信夫《はなふさのぶお》は明確に否定した。

「何の指示も指令も受けずに、現場の運転士が独断で電車を走らせるなんてことは、絶対ありえない」

電車は運転士がいれば運行できるというものではない。車掌《しゃしょう》、駅員、列車指令、信号手、電気設備の保守係員……。大勢の職員が、規則と指令にもとづいて取り組むからこそ、安全に運行することができる。

「現場の個人のとっさの判断で電車が動かせるような、そんなええ加減な組織ではありません」

花房は力強い言葉で言い切った。

決め手を欠くなかで、ある証言が「謎」を解く大きなヒントをもたらしてくれた。

心斎橋にごく近い長堀橋《ながほりばし》で被災した山本史長は、当時14歳。家族５人で火の海の中を避難した。

空襲の夜のことを詳細に記憶していた。

「わが家に火がつくのも見届けずに、周囲の火勢に押されて、身の回りのものだけを自転車に積み込み、西へ逃げました」という。

一家５人が、心斎橋の北詰《きたづめ》にあった地下鉄の入り口にたどり着いたのは、午前２時頃だったと記憶している。

山本は「火の手が迫り、長堀川の中にしか退路はないと覚悟を決めました。そのとき、入り口のシャッターが上がり、憲兵が大声で地下鉄の駅に降りるように指示しました」と振り返った。

関東大震災では、多くの人がビルの地下で蒸し焼きになった。そのことを知っていた人たちは、瞬間たじろいだようだ。

しかし、ほかに逃げ場はない。

追い詰められた人たちは、争って地下への階段を駆け下りた。山本は、父の指示でここまで持ってきた自転車を川の中に投げ込み、みんなにしたがって地下へ下りた。

「プラットホームに腰を下ろしたのは、午前3時頃ではなかったでしょうか。ほどなく、『大丸百貨店の最上階に火が入った』という噂《うわさ》が流れました。最後の逃げ場として線路上を歩いていくしかないと覚悟を決めました」

そのとき、難波方面から電車が入ってきた。

ホームにいた人たちは、ほとんど全員が乗り込んだ。地上は逃げ場のない火の海だ。

「地獄で仏に出会ったとはまさにこのことでした」

そして、山本は次のように証言を締めくくった。

「空襲のために止まっていた前夜の最終電車が、空襲が終わったので動き出したと聞きました」

ここで思い起こしていただきたい。

当夜に難波駅で泊まり勤務をしていた監督、伊藤秀雄の証言だ。

「営業車としてではなく、回送として動かしたかもしれません」

警戒警報の発令が午後11時、空襲警報が午後11時20分だった。警報が出たのは、最終電車が運行する時間帯である。

始発駅の天王寺を出発したものの、警報が出たために途中の駅で運転を打ち切ったにちがいない。

空襲のあいだ、電車は駅に止まったままになっていた。しかし、いつまでも途中駅に留め置いたままにはできない。翌日の通常運転に備えるために、回送電車として運転させた。

その回送電車が心斎橋を通り、梅田まで運転した電車だとしたらどうだろうか。

回送電車だから、特別に運行した電車ではない。

もちろん職員電車でも、防空要員電車でもない。

松本は、目の前が一気に明るくなったような気がした。

## 「当日は『停電するな』という指示がありました」

目の前が一気に明るくなった証言と出会ったのは、松本だけではなかった。

元職員の聞き取り調査をつづけていた安藤も、目の前が一気に明るくなる証言と出会っていた。


安藤がずっと気になっていたのは、元運転士の堀田の証言だった。

「空襲時は送電を止める。当夜は送電を停止していたと推察する。送電がなければ電車は運行できない」

現役時代、電気設備の保守管理をしていた安藤には、痛いほどよくわかった。

当然のことだが、電気を止められたら電車は動かない。

電車が動かないだけではない。駅の構内は真っ暗闇になってしまう。

空襲が終わり、地上の猛火がおさまり、ようやく送電が再開され、電車が動き出していたとすれば、救援電車とはいえなくなる。

一方で、「地上が火の海の中、救援電車のおかげで命拾いした」という証言が多数寄せられていた。

安藤は頭を抱えていた、そんなときだった。

深水《ふかみず》泰輔《たいすけ》、当時19歳。心斎橋変電所で保守作業をしていた。

心斎橋変電所は１９３８（昭和13）年、梅田―天王寺間が全線開通した年に完成した。心斎橋駅の北側、御堂筋の東側にあり、総タイル貼りの３階建てビルだった。

「２０００キロワットの水銀整流器《せいりゅうき》を３基に、電動遮断器《しゃだんき》などを備えていました。当時の最新式の機器で、東洋一の変電所といわれていました」と深水は懐かしそうに話した。

勤務は午後6時交代で夜勤と昼勤があり、深水は３月13日午後6時から翌14日の朝までの勤務だった。

深水は「あの日のことはよく覚えていますよ」と前置きして話しはじめた。

通常は最終電車の運行が終了すると、第三軌条《きじょう》への送電を停止する。そして初発電車の運転前に送電をはじめる。現在も75年前も変わらない。ところが、

「(大阪大空襲のあった) 当日は『停電するな』という指示がありました。第三軌条も、各駅の照明電源も送電をつづけました。明確に覚えています」

そう断言したのだ。発電所からの受電についても、「特別高圧送電線は停電することがありませんでした」と話した。

大空襲の夜、大阪の地下鉄には確実に電気が届いていた。

電車が走ったかどうかについては「わからない」という。ただ、電流の流れを示す機器が何回か反応していたことを記憶していた。時間は不明だが、未明に電車が走った可能性があることも明らかになった。

大阪大空襲の夜、変電所は地下鉄に電気を送りつづけていた。

安藤から深水の証言を聞いた松本も、「やった」と飛び跳《は》ねたい心境だった。「謎」が一

気にはがれ溶けていくような感覚だ。

そして、「心斎橋」に不思議な力のようなものを感じていた。

松本が「被災者が殺到した心斎橋駅のすぐそばに、地下鉄運行の心臓部があったなんて、これは偶然《ぐうぜん》とはいえませんね」と話すと、安藤も満面の笑みで応《こた》えた。

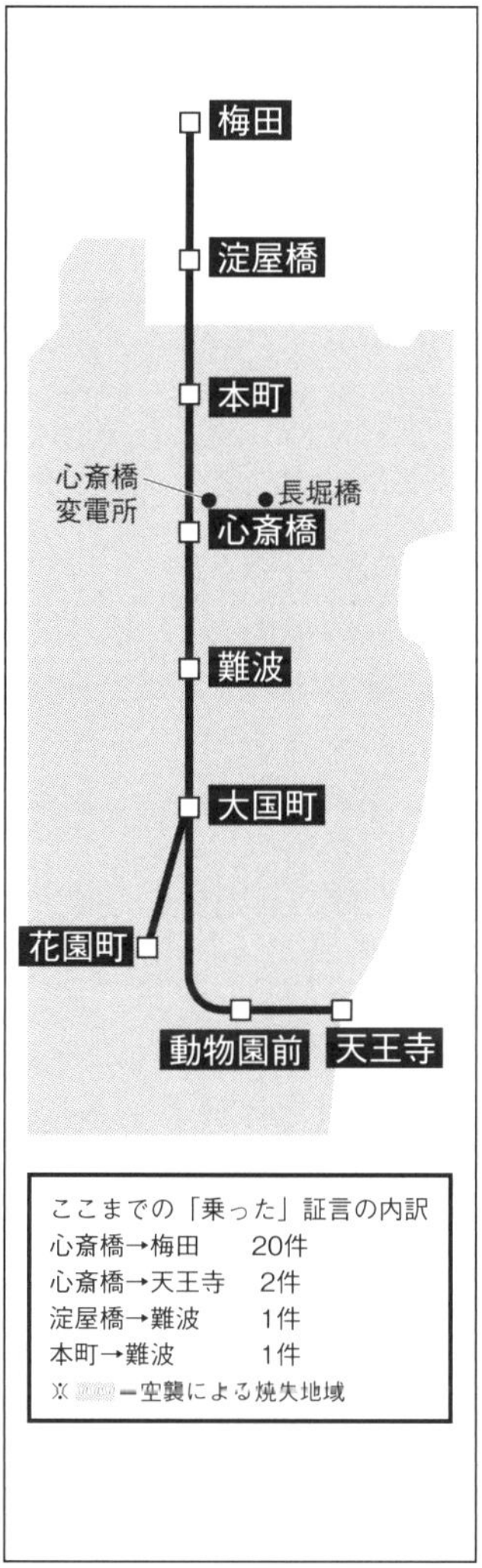


安藤は先輩から聞いたという当時の話を教えてくれた。
「動物園前から天王寺は長い上り坂になっています。心斎橋変電所から離れていることもあって、坂を上るのに十分な電圧が確保できないことがありました。途中で電車が止まら

ないように、加速に工夫が必要だったそうです」

「逆に天王寺から動物園前は長い下り坂になるので、ブレーキのかけ方にコツがあったようです。戦時中の車両はブレーキの利きのよくない車両が多かったですから」

総タイル貼りの東洋一の変電所は、大空襲の猛火に耐えた。

命を運んだ救援電車の運転をしっかりと支えつづけてくれた。

## 救援電車が来なかった駅

救援電車は、途中駅で運転を打ち切った電車の回送車両だったのではないか。

それでは「途中駅」というのはどこだったのか。

寄せられている証言の9割近くが「心斎橋から梅田まで乗った」ということを考えれば、心斎橋―天王寺間のどこかということになる。その駅が救援電車の「始発駅」だった可能性が高い。

松本と安藤はもう一度、寄せられた証言をすべて、じっくりと読み直してみた。

「救援電車に乗った駅」という点で見ると、心斎橋駅が圧倒的に多い。あとは極端に数が少ないが、本町駅と淀屋橋駅という証言があった。難波駅と天王寺駅は、「地下鉄に乗った」という手記が届いていたものの、空襲から相当時間がたってからのものだった。

動物園前駅に関しては、１本も手記が届かなかった。

そんななかで、大国町駅をめぐる証言は異彩を放っていた。「救援電車は来なかった」という証言がいくつもあった。

それだけではない。

空襲の猛火に追われて生死の境をさまよい、命からがら大国町の駅構内に逃げ込んだというなまなましい体験が綴《つづ》られていた。

松本はハッとした。それまでは「救援電車に乗った」という証言や体験記ばかりに目が向き、「救援電車は来なかった」という証言は読み流していた。

しかし、「来なかった」ということは、その区間は走っていなかったということになる。綿密に分析《ぶんせき》していけば、救援電車の「始発」と「終点」が特定できるはずだ。その決め手になるのが大国町駅なのではないか。

松本と安藤は、大国町駅をめぐる証言を再検討するとともに、当日の大国町駅周辺の空襲の状況についてくわしく調べてみることにした。

## 最初に焼夷弾が炸裂した浪速区と大国町駅周辺

大国町駅がある大阪市浪速《なにわ》区は、3月14日未明の大空襲で最初に焼夷弾が投下された。空襲は3時間以上つづくが、浪速区は最も早く火炎《かえん》に包まれた。

米軍はこの日の空襲で、焼夷弾投下の目印となる爆撃中心点を、大阪市内の4ヵ所に設定した。そのうちの一つは浪速区塩草《しおくさ》（10ページ大阪地図中の爆撃中心点1）で、最初の1時間はこの爆撃中心点に向けて集中的に焼夷弾を投下している。

貴重な記録が残っている。

大国町駅の北約400メートルにあった浪速区役所の当直日誌だ。防空宿直者だった庶務係長が、防空活動状況を克明《こくめい》に記録していた。

ちなみに浪速区役所は完全に焼け落ちたが、戸籍《こせき》原簿が収納されていた1階の倉庫は、ぶ厚い防空壁のおかげで焼失をまぬかれていた。１９９８年に区役所が建て替えられるまで、この防空壁は残っていて、大阪大空襲の生き証人となっていた。

松本清張《まつもとせいちょう》の小説『砂の器《うつわ》』では、浪速区役所の戸籍原簿が謎解きの大きな決め手となった。小説中では戸籍原簿はすべて焼けてしまったことになっているが、実際は無事だった。ときおり、『砂の器』を読んだ人が区役所を訪ねてくることがあった。そのたびに区役所の職員は「戸籍原簿は焼けなかったんですよ」と説明していたという。

当直日誌には、正確な時間とともに、火の手が迫る状況が時系列でなまなましく記録されている。救援電車の謎を解くカギとなる時間の経過がよくわかるので収録しておく。

**▼浪速区役所の当直日誌**

**午後11時10分（実際は午後11時）**

警戒警報発令　全員待機。

**午後11時30分（実際は午後11時20分）**

空襲警報発令　警戒警報発令とともに重要書類を地下室並びに所定書庫に搬入。

**午後11時40分～50分頃**

敵機B29大編隊をもって大阪上空に来襲し、焼夷弾投下。

**午前0時頃**

西浜《にしはま》方面に焼夷弾多数が投下せられ出火を認める。間もなく市立難波工業学校より出火の報告を受ける。そのときすでに西地区は一面の火と化していた。難波警察署に連絡するも通じず。

**午前0時5分**

庁舎の電灯は遂《つい》に消えた。

**午前0時10分**

大阪連隊区司令部より警備招集の連絡通報を受け、住吉《すみよし》・東住吉・西成《にしなり》・南・西・阿倍野《あべの》の各区役所に連絡した。住吉区は通ぜず。当区も時を移さず兵事課員の非常招集の手配を完了した。

**午前0時20分頃**

電話通信途絶《とぜつ》する。この頃より西地区方面よりの避難者が東部方面に先を争い殺到したので区庁舎の一階に一時収容の対策を立てた。敵機は反復攻撃を加え、焼夷弾は雨の如《ごと》く猛烈に降り注ぎ、関西線以西は想像に絶する有様であった。

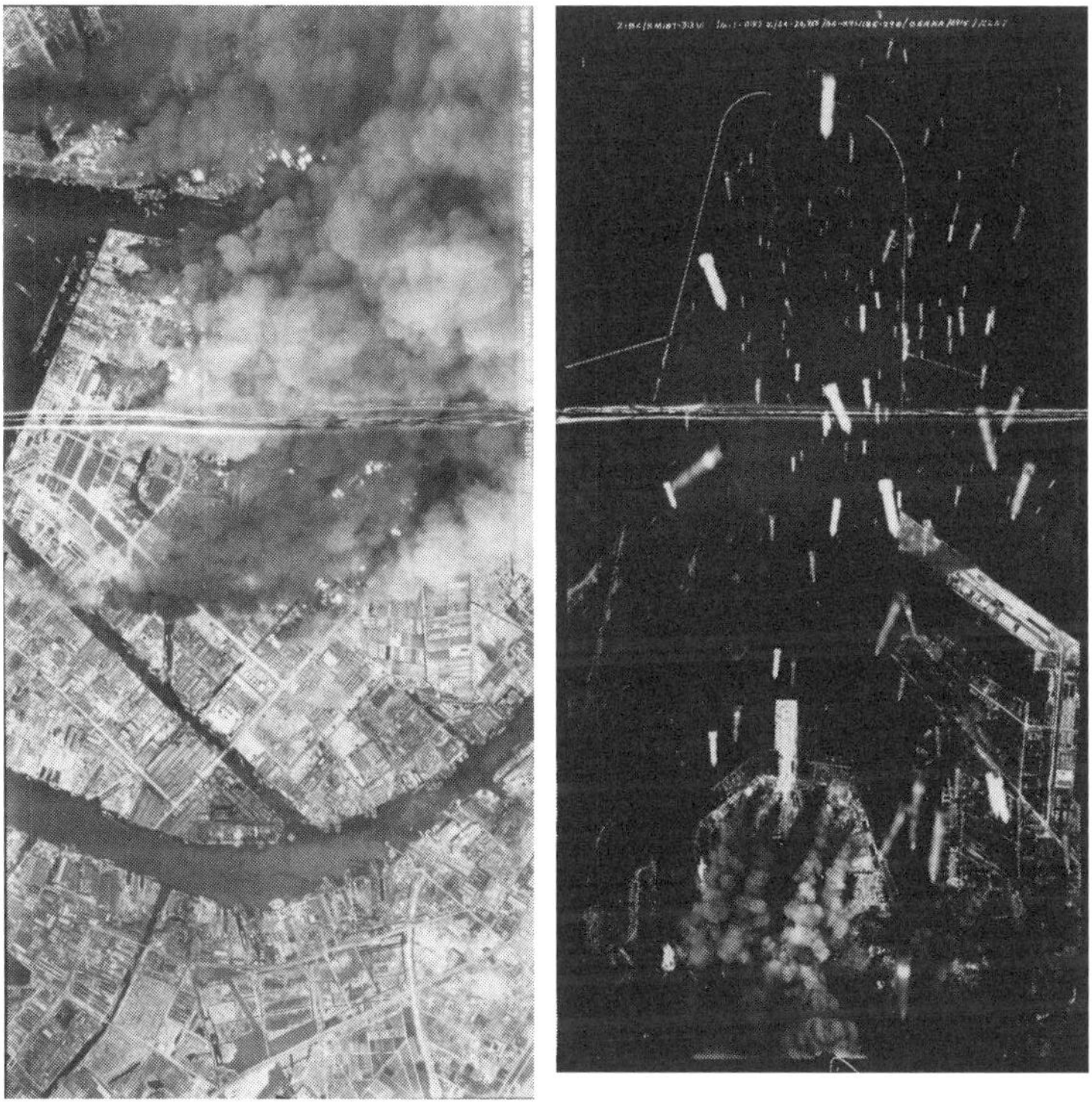

写真10　右：米軍機から集中投下される焼夷弾。左：焼夷弾が落ちた後の黒煙を噴き上げる地上写真（いずれも1945年6月1日の大阪空襲。大阪港付近）

午前0時30分

区役所南側、西側の人家に焼夷弾の集中投下があり、区役所宿直員は庁舎の防護とともに隣組に協力して初期の防火につとめたが、反復攻撃のため、庁舎の周囲、人家は遂に火炎に覆われなすべき手段もない。

午前1時40分頃

収容中の避難者を庁舎東方の日本皮革の空き地に誘導した。庁舎も周囲よりの火炎に包まれたため、熱風の流入と火粉のため必死の防護活動にも力尽き、呼吸も困難となったので遂に火炎の中を宿直員一同日本皮革の空き地に退避した。

午前2時30分頃

さらに強い南風にのった熱風と隣家の炎のため庁舎三階より出火。

午前2時50分

一階に延焼。

午前3時30分

全く焼き払われるに至る。

空襲がはじまって30分後には周囲が火の海となり、１時間半後には呼吸が困難になる熱風と火の粉が吹きつけて、庁舎の防御《ぼうぎょ》を断念している。

大国町駅とその周辺は、空襲がはじまったとたんに大火災が発生し、焼夷弾投下から30分もしないうちに手がつけられないような火勢となったことがわかる。

## 空襲の猛火に追われ逃げ込んだ大国町駅

大国町駅に避難したという証言は４件あった。判断を少しでも誤れば、命を落としかねない壮絶な体験ばかりだ。

「救援電車は来なかった」という証言は２件だった。

### ▼駅員に怒声浴びせた【大国町】

当時、大阪市浪速区の敷津《しきつ》国民学校５年生だった藤田道也は、３月14日の卒業式で在校生を代表して送辞を読むことになっていた。

縁故疎開《えんこそかい》を中断して実家に帰っていた藤田は３月13日、卒業式のリハーサルに参加した。

先生から「あらかじめ練習しておくように」と渡された巻物を、最前列からさらに数歩進み出て、震える声で読み上げていた。

「自宅に戻って、巻物を机の引き出しにしまい込みながら、ふと『このまま家ごと焼けてしもうたら、もう読むこともあらへんやろな』と思いました。そんな一抹《いちまつ》の不安がすぐに現実のものになってしまいました」と話す。

当時、東京で勤務していた叔父が、3月10日の東京大空襲の模様を手紙で知らせようとしたらしい。残念ながら、その手紙はまだ届いていなかった。

寝床についてしばらくして、「ちょっとえらいことになりそうやで、早よ起き」という不安そうな母親の声で起こされた。

藤田は、弟を背負った母親、妹とともに床下の防空壕《ぼうくうごう》に入った。父親と中学生の二人の兄は、物干し台に上がっていた。

突然、玄関の前のコンクリートの床の上に、金属がぶつかる大きな音がした。反射的に防空壕を飛び出して、二階を見上げると大きい炎が噴き出していた。

「母はそれを見て、燃えているのはわが家だけだと思ったらしいんです。私と妹の手を取ってあわてて外へ飛び出し、大声で『うちが燃えてます。だれか消すの助けとくなはれ』

と叫んでいました」という。

藤田は親子４人で、市電の走る広い電車道を目指して避難した。電車道は避難する人であふれていた。

「私たちが逃げてきたほうは、いたるところで火炎が上がり騒然としていました。白い湯気とも煙ともつかないものがたちこめて、お互いの顔もよく見えませんでした」と当時を振り返る。

電車道の反対側はそれほど激しく燃え上がっていなかった。道路を渡ろうとしたが、火のついた棒きれのようなものが飛んでくる熱風が吹きつけていた。

父親や兄と合流した藤田は、隙《すき》を見て電車道の向こう側へ渡り、角にあった防空壕へ逃げ込んだ。防空壕にはすでに多くの人が入っていた。ようやく中に入ったものの、入り口に近かった藤田には火の粉が容赦《ようしゃ》なく降り注ぎはじめた。

防空壕のわきの家が燃えはじめていた。

だれかが「ここにいたら危ない。地下鉄や、地下鉄しかない」と騒ぎだした。すぐそばにあった地下鉄の出入り口の階段を次々と降りていった。

「途中の鉄格子《てつごうし》は閉まっていました。駅員は『規則で開けられない』と言い張ります。みんな必死です。駅員に怒声《どせい》を浴びせつづけて、ようやく鉄格子を開けさせました」

駅の構内は、地上の猛火がうそのようにひんやりとしていた。逃げ込んだ人たちは、ホームの上に腰を下ろし横になった。大声で話す人はなく、異様に静かだった。

藤田はときどき階段をのぼって、外の様子をうかがいにいった。

「一面の火の海で、立っているものはほとんど何もありません。それでもB29は焼夷弾を落としつづけました。『敵はすごい。アメリカはすごい』と畏敬《いけい》の念を覚えたほどです。それほどすごかったです」と語る。

火がおさまって外へ出ると、自然と足は敷津国民学校に向いた。周辺で学校以外に立っている建物はなかった。一晩中、消火活動した人たちがいたおかげで、校舎の中は無傷だった。

見渡す限りの焼け野原で、はるか北のほうにこれまで見たことのない山がくっきりと見えていた。

避難した道路には、腹部が割れて腸《はらわた》の一部が外に出ている黒こげの遺体や、骨だけになった乳母車《うば》の中に取り残されて亡くなっている老婆《ろうば》がいた。

藤田は「そんな光景を見ても、怖いとも悲しいとも思いませんでした」と声を詰まらせた。凄惨《せいさん》な空襲の跡の記憶はなまなましくあっても、救援電車に遭遇《そうぐう》した記憶はなかった。

## ▼電車来たら絶対乗っていた【大国町】

当時国民学校６年だった女性は「大国町駅の構内に最初に入った」と証言を寄せている。地下鉄の出入り口のすぐ前に住んでいたが、火勢が強くて逃げ場を失った。やむにやまれず地下鉄の構内に逃げ込んだようだ。

彼女は「救援電車は来なかった」と断言している。

「大国町駅の出入り口の階段の途中にシャッターがありましたが、完全に閉まっていました。父が何度もシャッターを叩《たた》いて、入れてくれるように頼みました。駅員は『規定があって入れられない』と言うだけでしたが、それでも頼み込んでようやく開けてもらえました」

「私たちにつづいてどんどん人が入ってきました。私たちが最初だったと思います。周辺は火の海でした。改札の前あたりにしばらくいましたが、空が白みかけてきた頃、外へ出て学校へ避難しました」

「いざとなったら線路を歩いていけばいいと考えていました。だれかが『地下鉄の線路は電気が通っているから危ない』と言っていましたが、それぐらい切羽詰《せっぱ》まっていました」

「電車は来ませんでした。線路を歩こうと考えていたぐらいですから、電車が来ていたら絶対に乗っていました」

### ▼初発には〝普通〟の人たち【大国町】

大国町駅で「電車が来た」という証言は2件寄せられていた。

当時18歳だった山本紀子は、大国町のホームに入ってきた初発電車の乗客の姿に、驚き、力が抜けていったという。

母親と大国町交差点まで逃げ延びた山本は、完全に逃げ場を失っていた。

交差点の東角の映画館は火柱を上げて燃え上がっている。逃げてきた西から激しい炎が追ってくる。南も北も火の手が上がっている。目は開けていられないほどの煙が追い打ちをかけた。

「母と私は『もうあかんね』と顔を見合わせました。そのとき、『命が惜《お》しかったら地下鉄へ入れ』と叫ぶ声が何度かしました。声のしたほうに走っていくと、そこは地下鉄の出入り口の階段でした」

地下鉄の駅に逃げ込むなんて思いもよらなかった山本だが、迫る炎と、息もできないほどの煙は死を意味していた。30人ぐらいの人がなだれ込んだ。

階段の途中にシャッターがあった。二人の駅員が「もうこれ以上は」と言いつつ閉める寸前だった。「最後の人の頭と肩が燃えていました。みんなで叩いて消してあげました」と振り返る山本。

その後は入ってくる人もなかった。まさに間一髪《かんいっぱつ》だった。

切符売り場の前には何百人もの人たちが避難していた。山本は「大勢の人混みに入って、初めて助かったなと思いました。熱さも煙たさもなく、ただたいへんな人いきれでした」と話す。

２本あったホームは避難した人でいっぱいだった。みんななすすべもなく、しゃがみ込んでいた。

朝の一番電車が天王寺方面から入ってきた。

ドアが開いた。

いつもの通勤電車と同じ光景が広がった。

「普通の通勤の服装をした人ばかり乗っているじゃないですか。乗っていた人も驚いたかもしれませんが、私はもっと驚きました」と山本は強い衝撃を受けた。

「この空襲は大阪全体、いや近畿全体と思っていました。にもかかわらず、目の前にはふだんの様子で通勤している人がいるんですよ」

全身の力が抜けていったと語った。

## ▼緊急時には地下鉄動く【大国町】

旧制中学3年だった男性は、北区の大阪市役所に勤めていた父親とともに、大国町から淀屋橋まで地下鉄に乗ったと証言した。午前5時半頃だったと記憶が鮮明だ。

「空襲で天王寺区の自宅は焼けてしまいました。当時、父は大阪市役所に奉職しており、とにかく市役所へ行こうということになりました」

「途中で、阿部野橋《あべのばし》にあった大鉄百貨店（現あべのハルカス近鉄本店）の上層階から真っ赤な炎が出ているのを、夜目にもはっきり見ながら歩きました」

「大国町駅に着くまでにあたりはすっかり焼かれ、空気はなま温かくて異様な臭いがしていました。父は駅の事務所で電車が動いていることを確認して、淀屋橋まで乗りました。午前5時半頃だったと覚えています。父は『緊急時には地下鉄が動くようになっている』と話していました」

「市役所ではのちに大阪市長になる中馬《ちゅうま》（馨《かおる》）さんにお目にかかりました。焼けた直後に歩いたこと、地下鉄に乗ったことは強く印象に残ったので、はっきりと覚えています」

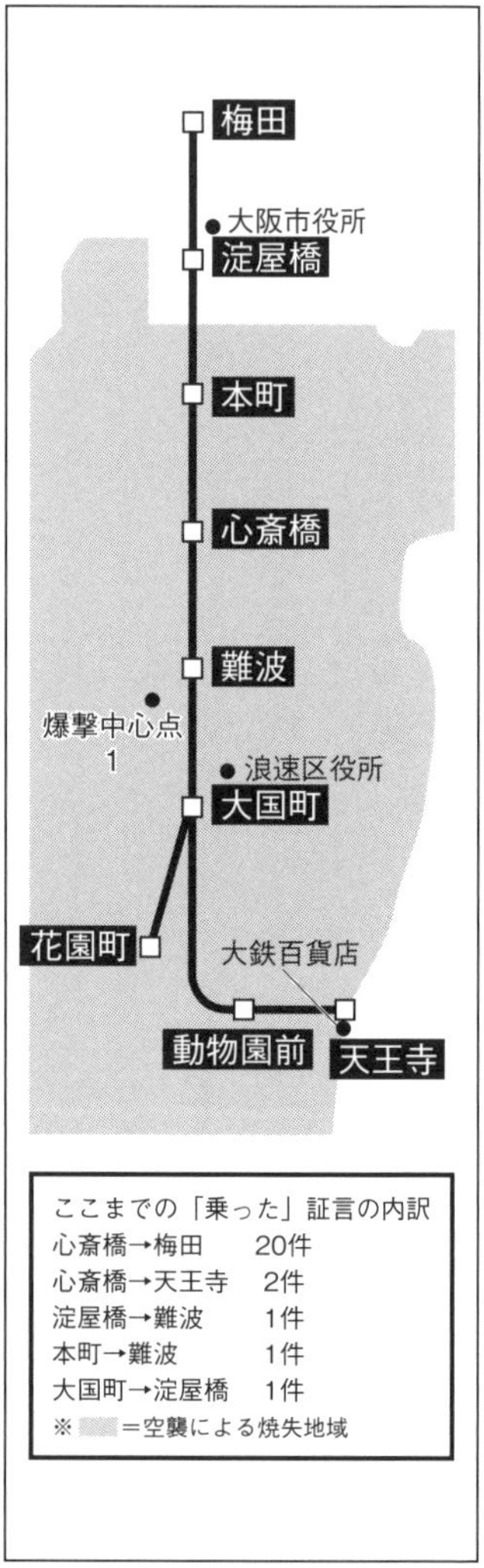


3月14日未明の大阪大空襲は、大国町駅の近くに米軍が設定した爆撃中心点1ではじまった（10ページ大阪地図参照）。ほかにも3地点の爆撃中心点が設定されていたが、この中心点付近に最初に焼夷弾が投下された。

きわめて大雑把《おおざっぱ》な表現だが、大阪の街はこの日、南と西で起こった大火災が、北へ東へと広がっていった。したがって、3キロ弱離れている大国町駅周辺と心斎橋駅周辺では、大火災の発生や延焼に多少の時間差があった。

空襲がはじまったとたんに猛火に追われた大国町駅周辺と違って、心斎橋駅周辺では

「最初は南のほうの火災を見ていた」という人が案外多い。

心斎橋周辺の被災者は、よもや自宅が燃えるとは思わず「土足で上がろうとしたら、『あとで掃除がたいへんだ』と怒られた」とか「避難のときは鍵をかけて家を出た」という話が残っている。

## 救援電車1本目は「心斎橋発梅田行き」

大国町駅には、前夜に運転を打ち切った最終電車は止まっていなかった。空襲の最中や直後に電車が入線《にゅうせん》したこともなかった。

ということは、難波駅に止まっていた電車が、回送電車として運転されて心斎橋駅に入ってきたとみて間違いない。そして多くの被災者を乗せて、梅田まで運転したということになる。

救援電車の1本目は「心斎橋発梅田行き」だったのではないか。

松本は自分の見立てを安藤に話してみた。

「梅田発の初発電車を運転するために、難波に止まったままの電車を早く梅田まで動かしておく必要があったのではないでしょうか」

「車両不足が深刻ななかで、途中駅で止めたままにしておく余裕がなかったのでしょう」

と安藤が答えた。

「難波周辺で火災がどんどんひどくなってきたため、まだ大きな火災の起こっていない梅田へ、車両を避難させようとしたのかもしれません」

「難波駅では、最初のうちは地下鉄構内への避難を認めなかったようです。もっとも周辺で被災した人たちは、火の回りが早くて、難波駅に逃げ込む余裕さえなかったでしょう」

難波では被災者を乗せることなく発車した。

心斎橋駅に入ると、ホームには地上から避難してきた人があふれていた。

とりあえず火災の起こっていない地域に運ばなければならない。

急を要する。

だれの判断か定かではないが、回送電車に被災者を乗せて、梅田まで運んだ――。

「そう考えるのが合理的だ」と安藤と松本は結論づけた。

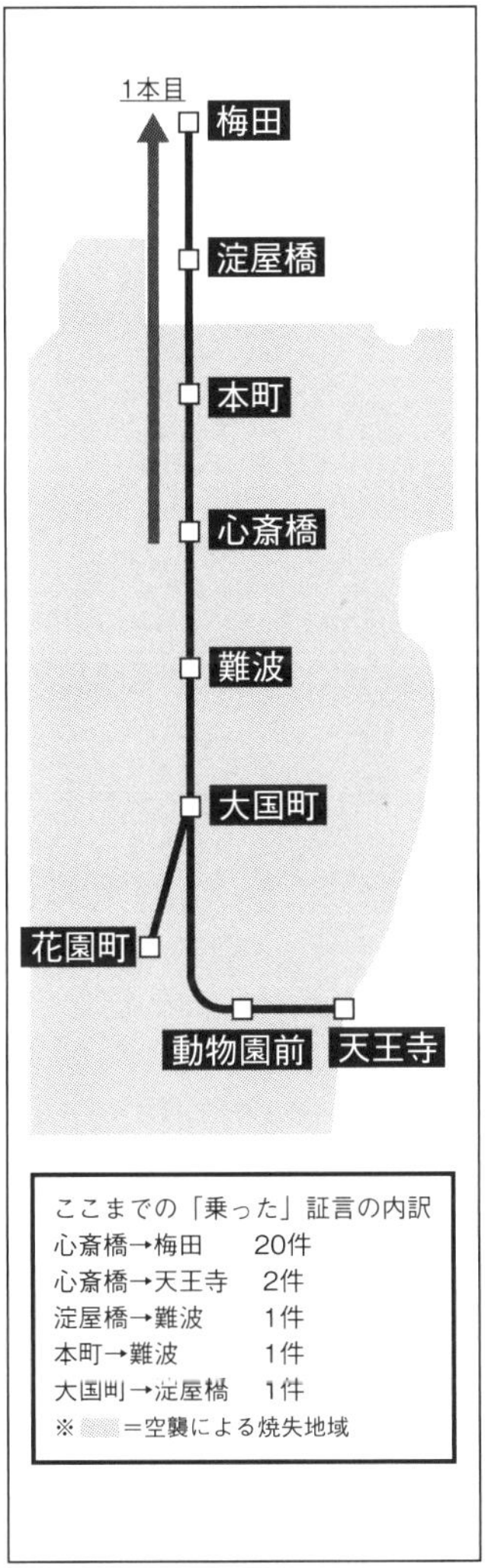


ただ、安藤も松本も、これで結論にしてしまうわけにはいかなかった。救援電車は１本だけだったのか？

## 猛火、熱風、炎の竜巻の心斎橋

寄せられた証言や体験談では、心斎橋周辺に関するものが圧倒的に多い。安藤はさらに、心斎橋周辺で空襲に遭《あ》った人たちにも面談して、当時の様子の聞き取りをしていた。

救援電車に直接かかわっていたわけではないが、大空襲前後の心斎橋駅周辺をより鮮明に浮かび上がらせることができる。

2本目、3本目の救援電車の解明に向けて、さらに証言を分析していった。

## ▼大丸の地下室に1000人、地下鉄が頼り【心斎橋】

心斎橋駅と地下通路で直結していた大丸百貨店の地下室には、大勢の人が避難していた。大丸百貨店人事部で係長をつとめていた当時31歳の出口正一は、偶然《ぐうぜん》、3月13日の宿直だった。当夜の緊迫した様子と、救援電車について記憶をたどった。

宿直室は百貨店の地下にあり、出口ら5~6人が宿直していた。夜半から火の海となり、熱風のため地上にいることはできなかった。

「大丸の地下室は南区の避難場所になっていました。猛火に追われて避難してきた1000人あまりの人たちでいっぱいでした。病人も妊婦もいました」と出口は証言する。

そのうち、百貨店の5階が燃えはじめ、各階のカーテンが自然発火をはじめると、出口は消火のために建物内を走り回った。大丸百貨店には、当時としてはとても珍しいスプリンクラーが設置してあった。階段には滝のように水が流れていたという。

「地下室と地下鉄の駅がつながっていました。『地下鉄が動いた』とのことで、ゴーッという音が聞こえてきました。午前4時か5時頃だったと思います」

地下室にいた被災者は、まるで潮が引くように、梅田へ、難波方面へと逃れていった。

出口は当時を思い返して、語った。

「あの広い御堂筋が、熱くていることができませんでした。地下鉄がなければ、大勢の死者が出るところでした。地下鉄だけが頼り、臨時の措置《そち》として電車が走って、みんなを助けてくれたことは間違いありません」

## ▼火の塊が次々と飛んできて……【心斎橋】

当時、旧制中学5年生で17歳だった男性は、心斎橋筋にあった自宅で受験勉強しているときに大空襲に遭った。目《ま》の当たりにした猛火を鮮明に記憶していた。

3月20日が上級学校の入学試験だったので、追い込みの勉強をしていた。

「焼夷弾が塊《かたまり》になって落下してきました。ものすごい数でした。火は（南の）難波方面から、東西にどんどん広がっていきました。まさか自宅が燃えるとは思ってもいなかったので、着の身着のままで避難することになりました」と振り返った。

写真 11　3 月 14 日の空襲後の大丸百貨店（右奥の建物、左隣はそごう）と心斎橋付近

最初は御堂筋に出て、そこから安全なところへ逃げようと考えていたが、火の塊が次々と飛んできていた。

「御堂筋の真ん中に消防車を置いたまま、消防隊が逃げざるをえないような状態でした。『北のほうは大丈夫だ、地下鉄が動いている』と聞いたので心斎橋駅に逃げ込みました」と話した。

### ▼自宅は焼けないと信じていた【心斎橋】

同じ17歳で、当時心斎橋筋に住んでいた男性も、「自宅は焼けない」と信じていた。東に数百メートルしか離れていない堺筋《さかいすじ》のほうから火の手が上がっても、まだ自宅にとどまっていたという。

「日頃から訓練していたし、みんなが頑張って消してくれると思っていました。家族が『畳《たたみ》に水を撒《ま》こう』と言い出したときも、『水なんか撒いたら寝られなくなる』と、まだ翌日のことを考えていたぐらいですから」と苦笑した。

火の手が迫り、なんとか御堂筋に出てみた。大量の火の粉が飛び、竜巻が起こっていた。心斎橋駅の入り口に行ってみたが、シャッターが閉ざされていて入れなかった。

「午前5時の初発の時間になって、構内に入ることができました。心斎橋駅は混雑してなかったですね。地下鉄は救いの神でした」と話す。

男性はここで異様な体験をする。

「梅田から乗ってきた人たちは、心斎橋駅の中階やホームで真っ黒に煤《すす》けて座っている私たちに、不思議そうな異様な目を向けてきました。もちろん声をかけてくる人はいません。北のほうから来た人は、心斎橋や難波の地上がどのような状態になっているのか知らなかったと思います」

心斎橋と梅田の距離はわずか3キロ。

猛火で焼き尽くされたエリアと、ほとんど焼夷弾の被害を受けなかったエリア。

煤だらけで放心状態の被災者と、ふだんと変わらない服装で駅に着く通勤者。

わずか３キロが、くっきりと明暗を分けた。

### ▼地下に入ると煙でやられる【心斎橋】

国民学校６年で旧制中学への受験を間近にひかえた12歳の男性も、最初は直撃を受けな

写真 12　当時の淀屋橋駅

かったので「対岸の火事だ」と、心斎橋駅に近い自宅の物干し台で火災を見ていたという。

「ところが、あっという間に周囲から火が回ってきました。最初は防空壕に入っていましたが、あまりの火勢に『ここは危ない』と言われ、御堂筋まで避難しました」と話す。

心斎橋駅の入り口には、軍刀を持った憲兵が立っていた。「みんな中へ入れ」と、避難してきた人を地下鉄構内へと誘導していた。

「父がいつも『地下に入ったら煙でやられる』と言っていたのを思い出しました。頭から布団をかぶり、学校のかばんだけ持って、着の身着のままで、まだ燃えていない北の方向に逃げました」という。

火の粉をかぶり、煙に追われて、やっとの思いで淀屋橋に着いたのは、明け方だった。

## 救援電車は3本走っていた

安藤と松本は、ここまでに集まった証言をあらためて検証してみることにした。

安藤が当時の職員や空襲の体験者から聞き取った証言は約50件、松本のもとに届いた証言は約80件に達していた。

もちろん、救援電車と直接関係のないものも含まれている。ただ、救援電車に触れていなくても、傍証《ぼうしょう》となるような事実が隠れているかもしれない。1件ずつ慎重《しんちょう》に検討していった。

当時の職員から「運転した」「運行を指示・指令した」というような証言を得ることはできなかった。一方で、「乗った」という証言は相当数にのぼった。

安藤と松本は、それまでに集まった証言や手記を集計した。

「救援電車に乗った」という証言は、全部で32件だった。そのうち23件が「心斎橋から梅田まで乗った」で7割を占めた。

「救援電車に乗った」証言・全32件の内訳

・心斎橋↓梅　田（上り）23件
・心斎橋↓天王寺（下り）3件
・本　町↓梅　田（上り）2件
・淀屋橋↓難　波（下り）1件
・本　町↓難　波（下り）1件
・大国町↓淀屋橋（上り）1件
・本　町↓天王寺（下り）1件

松本は当初、「〝そんな話をおばあちゃんから聞いたことがある〟というような手紙が数本届くだけではないか」と考えていた。

あまりの想定外の事態に「戦争体験を次世代に伝えたいというみなさんの思いはとても強かった」と反省することしきりだった。

心斎橋から救援電車に乗ったという証言を詳細に調べていくと、大きく次の二つに分かれた。

・猛火に追われて命からがら電車に乗り込んだ。
・一番電車が来ると聞いて乗り込んだ。

当時の状況を比べていくと、明らかに時間差があった。

松本は「梅田に向かった救援電車は2本ではないか」と思った。「初発の時間帯に、天王寺から梅田まで防空要員電車を運行しようとした。そこへ被災者が乗り込んだのではないか」と推測するとともに、「空襲の大火災で宿直態勢にさえ入ることができなかったことを考えれば、通常の初発電車が運転できたとは思えない」と考えた。

安藤は「市電も省線《しょうせん》もストップして、地下鉄は唯一《ゆいいつ》の交通機関でした。名目は防空要員電車だったかもしれませんが、被災者を乗せた実質的な救援電車だった可能性は高いと思います」と話した。

二人は、「謎の救援電車」が次の3本だったと考えた。

・1本目＝回送電車として運行されるはずだった午前3時～4時の「心斎橋発梅田行き」
・2本目＝防空要員電車として運行されるはずだった午前4時～5時の「天王寺発梅田行き」
・3本目＝逆方向の南行きとして防空要員電車として運行されるはずだった午前4時～5時の「梅田発天王寺行き」

回送電車と防空要員電車として運行される予定だった電車なら、特別に運行された電車ではない。駅員や運転士、車掌のとっさの判断で、ホームに逃げ込んだ被災者を乗せることはできたはずだ。

もちろん〝規則違反〟だ。地下鉄職員はそれを承知で被災者を乗せたにちがいない。

地上は火の海だ。地下鉄職員は命懸けで命を運んだ。

決して忘れてはならない。

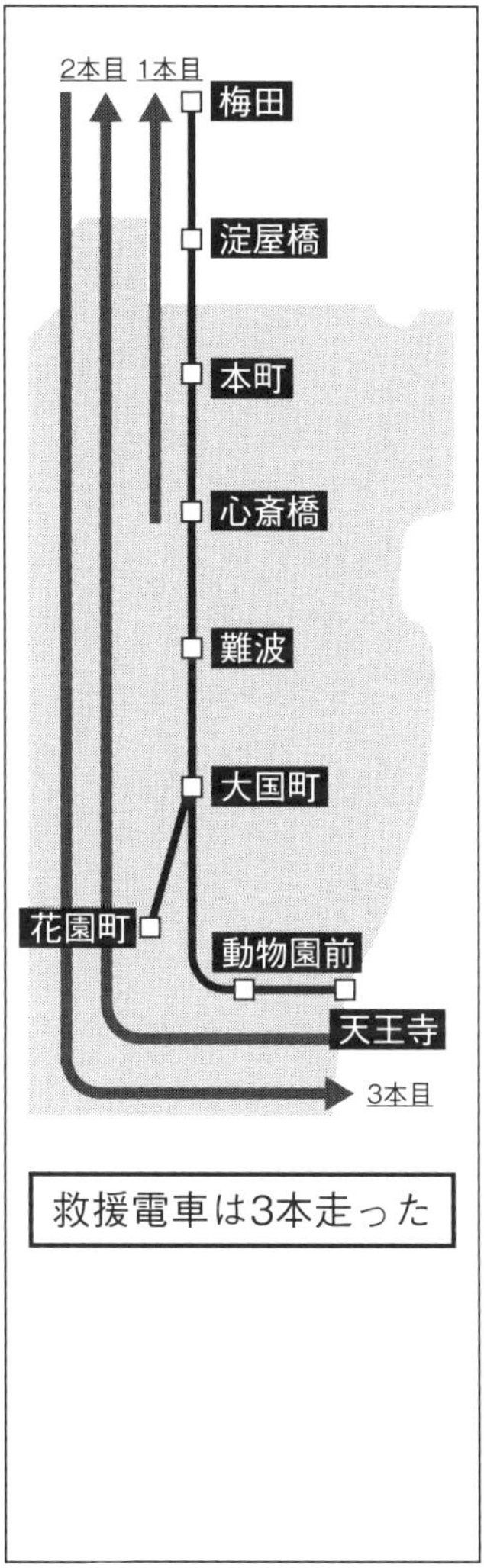


松本が書いた原稿は、次のような見出しで紙面に掲載された（１９９７年８月１日毎日新聞）。

「猛火走って走って／命運んだ３・２キロ」

「空襲下未明／心斎橋から梅田へ　救援電車は２本」（※）

※この記事では心斎橋から梅田まで避難した被災者を中心にまとめたため、救援電車は２本としている。

## 地下鉄研究「うちわ持参で避難せよ」

安藤と松本には、ずっとひっかかっていたことがあった。

そもそも地下鉄駅構内への避難は許されていたのだろうか。

駅構内へ避難できなければ、救援電車に乗ることはできない。寄せられた証言や、元職員からの聞き取りでも「避難は認められていた」「避難は禁止されていた」と真っ二つに割れた。

地下鉄が開通した頃、駅は空襲時の避難場所として研究対象になっていた。実際の防空演習では、何回も防空壕として使っている。

梅田―心斎橋間が開通する半年前の1932(昭和7)年末、京都帝国大学教授が「敵機が来襲すれば地下鉄へもぐれ」という論文を発表した。

この論文がきっかけになって、京都帝国大学と大阪市電気局が共同で調査研究を進めた。電気局は、結果発表を翌年の開通に間に合わせようと、御用納めを返上して研究に取り組んだようだ。

構造的にいえば、地下鉄トンネルの天井は最も浅くても地下3メートルで、300キロ爆弾までなら影響がない設計になっていた。防空壕の代用施設としての機能は備えていると判断された。

ただ、京都帝大教授は思わぬ問題を指摘した。

短時間に大勢の人が地下に避難した場合、急激に発生する「炭酸ガス」と、人いきれで生じる「熱」が脅威《きょうい》だというのだ。教授は完成したばかりの排気設備や送風設備を調べて、こんな〝珍説〟を提言した。

「万が一、敵機来襲ということになれば、避難民は忘れないようにうちわを持って地下鉄トンネルに入り、トンネル内では裸になってうちわをどんどん使って送風するように」

調査の結果、炭酸ガス濃度が30％程度であれば心配ないとしたものの、人いきれのために体温が上がり、湿度が95％を超えて空気の動きが止まると窒息《ちっそく》状態を招く可能性があるとした。

湿度70～80％、温度25度前後、気流1秒当たり1・5メートルに保つ必要がある。避難した人は裸になって体温の上昇を抑制するとともに、うちわを使ってとにかく送風・排気に努めるべきだと提言した。排気設備が動く限り、40万人は避難可能と結論づけている。

いまとなっては笑い話のような提言だ。

しかし当時は、大真面目《おおまじめ》に研究が進められた。大阪市民は「一朝有事の際にも頼りになる地下鉄」と期待を大いに高めた。

戦前の防空訓練を伝える新聞記事を見ると、「地下鉄避難所」と書かれたのぼりが写真に写っている。写真説明は「地下鉄駅に入る避難訓練の市民」となっている。

開通してしばらくは、地下鉄の駅は防空壕として考えられていた。


しかし、軍用機の進化は目を見張るものがあり、地下鉄が開通したときとは比べものにならないぐらい性能がアップしていた。

加えて、本当に空襲に見舞われれば市民は混乱するだろう。地下に大勢の市民が逃げ込んだときのパニックを考えると、当局が地下鉄駅への避難に二の足を踏んだことは容易に想像できる。

日米開戦後、空襲が現実のものと考えられるようになると、政府ははっきりと禁止した。

内務省がまとめた「時局防空必携」の昭和18（1943）年改訂版には「地下鉄道への

避難を許さない」と明記されている。

それにダメを押したのが、１９４５年1月27日の東京・銀座空襲だった。銀座や有楽町を中心に爆撃を受けたこの日、地下鉄銀座駅は５００キロ爆弾の直撃を受けた。ホームの一部が破壊され、出口階段が大きな被害を受けた。

なによりも問題視されたのは、水道管の破壊だった。大量の水がトンネル内に噴き出したうえに、天井や壁面が崩壊した。

地下鉄はしばらく折り返し運転を余儀《よぎ》なくされ、復旧に1ヵ月近くかかってしまった。

大阪の地下鉄は、東京よりも深いところに駅やトンネルを設けていた。しかし、５００キロ爆弾や1トン爆弾の直撃を受けるとひとたまりもなかった。

銀座駅の被害は、「地下鉄への避難は危険」を決定づけてしまった。

懸念《けねん》材料を挙げてみよう。

・トンネルが直撃されれば爆風が一気に吹き抜ける。
・地上の火災が地下施設に延焼する可能性がある。
・大量の煙が流れ込めば呼吸できなくなる。

・停電で暗闇になるとパニックが起こるかもしれない。
・爆弾の衝撃が伝わるだけでパニックの引き金になりかねない。
・出入り口が破壊されたら外に出られなくなる。
危険な理由はいくらでもあった。

## 憲兵が避難禁止の地下鉄に誘導

被災者が避難した駅は、心斎橋、大国町、本町の３駅だった。

天王寺、動物園前では避難したという証言はない。

駅構内へどのようにして入ったかは、いろいろなケースがあった。

「駅員に頼み込んで入れてもらった」

「駅員が『電車が来るから入れ』と言ってくれた」

「シャッターが開いていたので入った」

駅員の対応は、駅によって違ったし、時間帯や出入り口の場所によっても違う。

心斎橋では「憲兵に誘導された」という証言があったことを思い出してもらいたい。

「憲兵が大声で地下鉄の駅に降りるように指示した」

「地下鉄の入り口にいた憲兵が『ここへ入れ』と誘導した」


これ以外に、次のような証言も寄せられていた。

「大丸百貨店前の出入り口からホームに入るとき、憲兵が『病人だけだ』と言いました。母親が足を痛めていたので入ることができました。ホームは近くの大野病院や東條病院の入院患者のために開けたと聞きました」


駅員ではなく憲兵が誘導していたとなると、少し事情が違ってくる。松本は、地下鉄の運行や駅の運営に憲兵隊がどこまで関与していたのか調べることにした。

しかし、公文書や記録は一切残っていなかった。安藤も調べたが「軍隊にかかわる文書は徹底的に焼かれたようです」という。

元職員の証言から、大阪憲兵隊梅田分隊が梅田駅に、西成分隊が天王寺駅に常駐していたことはわかった。空襲になると駅長室に詰め、平時には混雑する乗客の整理に当たることもあったようだ。

空襲のような非常時には、特に規則を遵守《じゅんしゅ》しようとしたことだろう。禁止されていた地下鉄駅構内への避難を、積極的におこなったとは考えにくい。

松本は「心斎橋駅では、入院患者に限ってホームへ誘導したというのがきっかけになったかもしれない」と思った。

もともと心斎橋駅に憲兵は常駐していなかった。大火災の発生で、急遽《きゅうきょ》、心斎橋駅に駆けつけた憲兵が、自らの判断で決めたのかもしれない。

憲兵と聞くと「怖くて近寄りがたい」というイメージがある。しかし、火の海を逃げ惑う多くの被災者を前に、規則に反してでも目の前の命を救おうとした憲兵がいた。

安藤も松本も、そう信じることにした。

## 「人々を安全な場所まで運びたい」という思い

さまざまな証言や体験談を総合して、「大阪大空襲の夜、被災者救援のために走った地下鉄は3本」という結論に達した。

結局、救援電車の運行を決定づけるような証言や体験談には出会えなかった。

「『私が被災者を運んだ』という運転士が見つかれば、完璧《かんぺき》だったんですけどね」と松本が話すと、安藤は意外な答えを返してきた。

「実際に運転した本人は『罹災《りさい》者を救った』とか『命を助けた』なんて思わなかったのではないでしょうか。救援電車を運転したこと自体、忘れているかもしれません」という。

連日の空襲で、次々と犠牲《ぎせい》者が出ていた。戦場ではたくさんの尊い命が失われていた。

「猛火に追われて逃げ込んできた人たちを安全な場所まで運びたいというのは、特別な感情や考えではなかったと思います。つねに乗客を安全に運ぶことを考えている乗務員なら、ごく自然に体が動いたのではないでしょうか」

安藤は唇《くちびる》を引き締めて語った。

# 第４章　戦時地下鉄、ベールの向こう側

安藤と松本が取り組んだ「謎の救援電車」の解明は、毎日のように戦禍《せんか》を目《ま》の当たりにする旅であり、新たな発見を重ねる旅だった。そして、いくつもの「秘話」や「幻《まぼろし》の話」に出会った。

ここでは、二人が取材・調査を通して遭遇《そうぐう》した秘話をいくつか紹介しよう。

そして、敗戦直後におこなわれた公文書の焼却処分のおかげで、ほとんど記録が残っていない戦時中の地下鉄の実相についても明らかにしておきたい。

## 猛火の下で新たな命も運んでいた

「それは出来すぎじゃないか」

寄せられた手記に目を通していた松本は、思わず声を上げそうになった。

大阪大空襲の最中に陣痛のはじまった女性が、救援電車に助けられて無事に男児を産むことができたという内容だった。

手記を寄せてくれたのは、当時旧制中学2年生の男性だった。心斎橋駅にほど近い長堀《ながほり》橋《ばし》に住んでいた男性は、大空襲の夜の出来事を詳細に綴《つづ》っていた。そして「猛火の下で電車の運行を決断した人の勇気に感謝したい」と締めくくっていた。

松本はさっそく男性に取材を申し込み、自宅を訪ねた。

大阪大空襲の前日、当時39歳だった男性の母親は、「今晩あたり生まれそうだ」と近所の産院に入院した。

夜も更けた午後11時20分に空襲警報が発令され、間もなく米軍機が大量の焼夷《しょうい》弾を投下しはじめた。産院の周辺も激しい火災に襲われた。

母親は「産院が燃えそうだ」と大きなお腹《なか》を抱えて自宅に戻ってきた。しかし、その自宅にも炎が迫ってきていた。

男性は母親を連れ、兄弟とともに避難することにした。母親を励ましながら、なんとか御堂筋まで避難した。

しかし、心斎橋までくると周辺は火の海だった。もう逃げ場はなかった。

「あとは川へ飛び込むしかない」と親子で覚悟を決めた。

そのときだった。

地下鉄の出入り口のシャッターが開いた。

憲兵か駅員か、定かではなかったが「中へ入れ」と叫《さけ》んでいるではないか。

まさか地下鉄の駅に避難できるとは思っていなかった。男性は母親を連れて、急いで階段を駆け下りた。

ホームは避難した人でいっぱいだった。

男性はホームに布団を敷いて母親を座らせた。すでに陣痛がはじまっていた。母親は汗をにじませながらうつむいている。

火の海からは逃《のが》れたが、地下鉄のホームでは何もできない。男性は、かたわらの母親を見ながら「どうしよう」と途方に暮れてしまった。

すると、警笛《けいてき》とともにライトをつけた電車が滑り込んでくるではないか。駅員は「梅田のほうは焼けていない」という。男性は母親を抱きかかえるようにして、電車に乗り込んだ。

梅田に着いた男性は、母親を出入り口付近に座らせた。周辺に火災はないが、空襲の喧《けん》騒《そう》はつづいている。ふたたび途方に暮れてしまった。

写真 13　当時の 100 形電車の内部

尋常ではない様子に気づいてくれたのだろう。警防団員が担架《たんか》を貸してくれた。そして「扇町《おうぎまち》に産院がある。あそこは燃えてない」と教えてくれた。

梅田から約１キロ。担架に母親を乗せて産院に駆け込んだ。

間一髪《かんいっぱつ》とはこのことだろう。母親が産室に運び込まれるのとほぼ同時ぐらいに、産声《うぶごえ》が響き渡った。

元気な男児だった。

男性は、産声を聞いたとたん、全身の力が抜けてしまったという。

猛火の中で命を落とす人がいた。

家族と離れ離れになった人がいた。

そんななかで、救援電車が新たな命を

生み出していた。

男性は「猛火の下で電車の運行を決断した人の勇気に感謝したい。そして、数百人の命を救い、新たな命の誕生を支えた当時の駅員や運転士さんに、いまからでもお礼をいいたい」と話した。

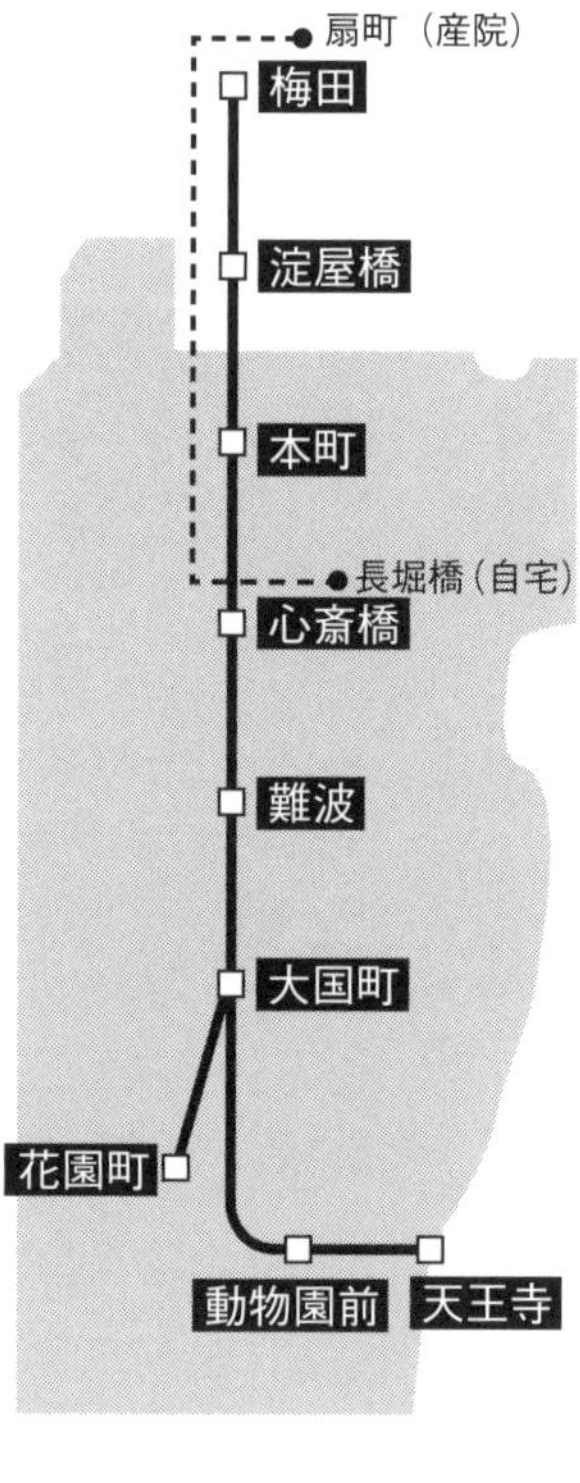

救援電車が運んだ新たな命
（点線は避難ルート）

ただ、男性は弟の誕生を手放しで喜ぶわけにはいかなかった。思いは複雑だった。

「焼け跡には赤ん坊を抱いたまま亡くなった母親の遺体が放置してありました。避難の途中で幼いわが子を見失い、気が狂ったように名前を叫ぶ母親がいました」と声を落とした。

母親は亡くなる少し前まで、この夜に生まれた息子に、誕生したときの状況を話したことがなかった。「大阪で大きな空襲があったときに生まれた」と話すだけだったという。男性は「たくさんの命が失われました。戦後、いくら時間がたっても〝よかった〟〝助かった〟と手放しで喜ぶわけにはいかなかったのでしょう」と母親の思いを代弁した。家族を亡くした人にとっても、猛火の中を逃げ延びた人にとっても、空襲は重くつらい記憶だった。

時間が解決してくれるという記憶ではなかった。

## 救援電車とニアミスしていた「バタヤン」

「バタヤン」が救援電車にのっていたかもしれない。

こんな話を耳にした安藤は、大空襲の日のバタヤンを追いかけたことがあった。

バタヤンの愛称で人気を集めた歌手・田端義夫《たばたよしお》。

エレキギターを抱えて、「おーっす」と威勢のよいかけ声で舞台に現れた。戦後は、「かえり船」「玄海ブルース」「島育ち」などのヒット曲を世に送り出した。

田端は当時26歳。各地の軍事施設や軍需工場で慰問《いもん》活動をしながら、公演もこなしていた。1945年3月は、大阪・千日前《せんにちまえ》の常盤《ときわ》座で公演していた。

3月13日夜も千日前に滞在していたことがわかっていた。千日前で大阪大空襲に遭《あ》っていれば、心斎橋を出発した救援電車に乗っている可能性はある。

「バタヤンが乗っていたら、昭和の名歌手の命も救ったということになる」と安藤は本格的に調査をはじめた。

結論からいってしまうと、バタヤンは救援電車には乗っていなかった。ただ、〝ニアミス〟していた。救援電車に乗っていてもおかしくなかった。

いろいろと調べていた安藤は、田端が出版したばかりの自叙伝にたどり着いた。タイトルは『これからだっせ、人生は！』。歌手人生を振り返り、自らの生い立ちを淡々と綴っていた。

戦時中のことは、特になまなましい記憶として残っていたのだろう。田端は大阪も含めて、公演で滞在していた街で3回も大空襲に遭っている。公演旅行は文字どおりの命懸けだった。

田端は13日の舞台を終え、常盤座に近い旅館で休んでいた。空襲警報が出て、ほどなく米軍機の爆音が聞こえてきた。「いつもの空襲と違う」と思う間もなく、火の手があちらこちらで上がった。

「屋根に上がって周囲をながめて驚きました。御堂筋の周囲、東西南北がぐるりと焼けてしまっているではありませんか」という緊迫した状況だった。

田端は「ここでジッとしてたら焼け死んでしまう。とっさに思いました」という。旅館の女将《おかみ》から、あるだけの果物を買い込んでポケットに詰め込んだ。そして、頭から布団をかぶり３００メートルほど離れた常盤座に駆けつけた。楽器やアンプを持って逃げるためだ。

常盤座は、すぐ裏まで火の手が迫っていた。真っ暗な地下の楽屋に入り、手探りでギター、アンプ、アコーディオン、バイオリン、フルートを見つけて、体にひもで縛《しば》りつけた。しかし、アンプとアコーディオンは大きすぎた。そして重すぎた。この二つは泣く泣くあきらめて、布団をかぶり外へ飛び出した。

そのときはもう四方八方火の手が迫っていた。とっさに南のほうへ逃げようとした。すると、こっちへ駆けてくる人が叫ぶ。

「こっちは危ないで」

田端はとっさに、まだ火が回っていない御堂筋を目指した。御堂筋に出るとそのまま北へ北へと逃げた。

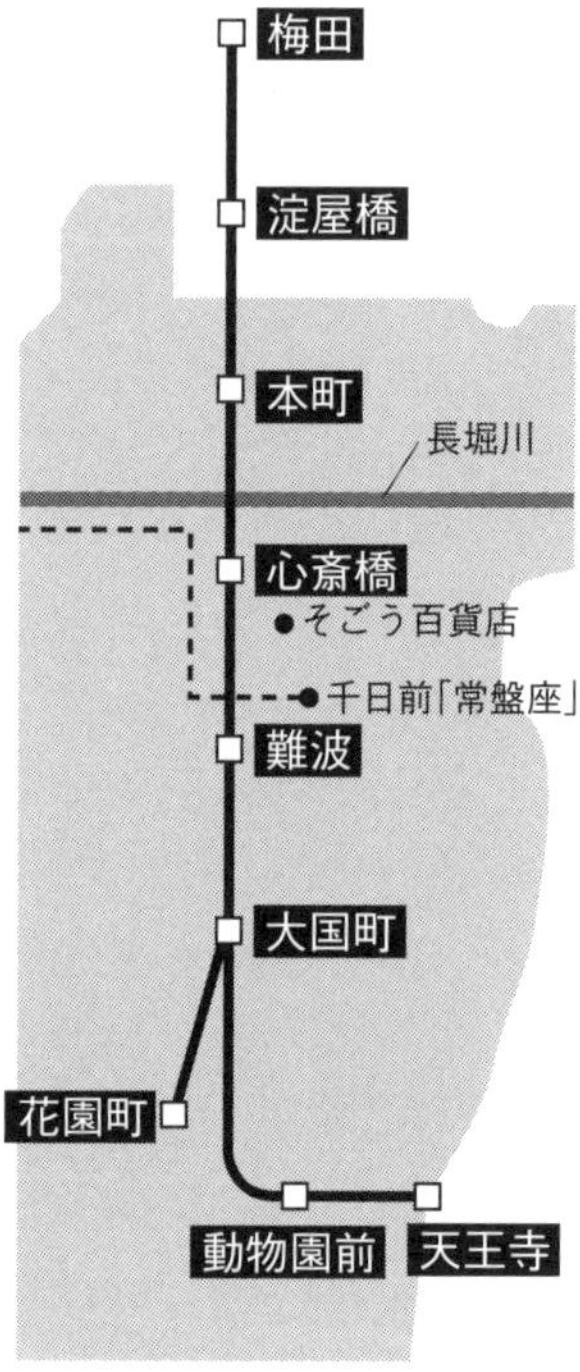

救援電車とニアミスしたバタヤン
（点線は避難ルート）

心斎橋にたどり着いたときの様子を、田端はこのように記憶していた。阿《あ》鼻叫喚《びきょうかん》の世界だった。

「そごう百貨店の前まで来た。たいへんな騒ぎ。１０００人以上の人が右往左往している。

逃げ場がないのだ。焼けていないところがない」

「逃げ惑う人、人、人。いろんなものが飛んでくる。叫び声が耳をつんざく。転んだら終わりだ。多分みんなに踏み殺されてしまう」

ふと、近くにあった地下鉄の出入り口に目をやると、被災者がどんどん逃げ込んでいくのが見えた。田端も一瞬、逃げ込もうかと思ったが、「煙が入ってきたら一巻の終わりだ」と思いとどまった。

このままだとじわじわと焼かれて死んでしまう。そごう百貨店の前に座り込んで「ここで死ぬのかなあ」とぼんやり考えていた。

すると、一人の兵士がすぐ近くの長堀川の川べりへ駆け下りて、西のほうに走り出すのが見えた。

田端はハッとした。

「最初に西のほうから焼けてきた。一度焼けたところは二度と焼けない。他の方角はこれから焼けていく」ととっさに考えた。

楽器を体に縛り直して、川べりをひたすら西へと走った。吹きつける熱風に我慢《がまん》できなくなると川に飛び込んだ。体を冷やすとまた走った。

ようやく、火がおさまりかけているところまでたどり着いた。その夜は橋の下で明かした。

「御堂筋のそごう百貨店の前で右往左往した末に生き延びた方がおられたら、あの夜のことをぜひ語り合いたいですね。生き延びたのは奇跡《きせき》に近い出来事だったと思います」

そごう百貨店の前で右往左往していた人のなかに、救援電車で命を救われた人がいたにちがいない。田端が「生き延びたのは奇跡に近い」という状況のなかで、語り尽くせないほどの話があっただろう。

語り合うことはできたのだろうか。

バタヤンは2013年に鬼籍《きせき》に入った。

## 大阪大空襲を予告した佐藤栄作

佐藤栄作《さとうえいさく》というと、昭和40年代の高度経済成長期に長期政権を築いた総理大臣だ。佐藤が大阪大空襲や救援電車とかかわりがあったというと、意外に思う人が多いだろう。

１９４５年3月当時、運輸通信省（のちの運輸省）の役人だった佐藤は、大阪鉄道局の局長をつとめていた。大阪鉄道局は国鉄大阪駅のすぐ北側にあり、重厚な造りがひときわ目立った。鉄道は国策遂行《すいこう》の要《かなめ》であり、大阪鉄道局長の権威は現代では想像できないほど大きかった。

大阪市の刊行物を調べていた安藤が、『続東区史』を読み進めているとこんな記述にぶつかった。

「佐藤栄作が、大阪市交通局長に大阪大空襲を予告していた」

証言しているのは、戦後、大阪市交通局で地下鉄の建設にたずさわった岩村潔だった。岩村は「戦争を体験した唯一《ゆいいつ》の地下鉄・御堂筋線」とのタイトルが付された記述のなかで、佐藤栄作の空襲予告について触れている。独立した章立てになっていないうえに、さりげなく記されているため、読み飛ばしてしまいそうだ。

こんなことが書かれていた。

昭和20年3月13日朝。大阪鉄道局長の佐藤栄作から、大阪市交通局長（当時は電気局）の橋本敬之に極秘電話がかかった。

「今夜、大阪に大空襲があるらしいので万全の措置をとれ」

橋本はただちに市長に連絡した。そして、支線の大国町―花園町間の電車の運行を止めて、大阪市が保管していた食糧や毛布などを、花園町駅に運べるだけ運び込んだ。

佐藤局長の「予告」は正しかった。

極秘電話から十数時間後、大阪に274機のB29爆撃機が来襲した。大阪市の中心部は火の海となり、一夜にして焼け野原になってしまった。

岩村は「大阪はそれまでに、小規模の空襲を受けてはいたが、大空襲の経験はまったくなかった。市民の受けたショックは、まさに筆舌《ひつぜつ》に尽くし難《がた》いものであった」と述べている。

3月14日未明の大阪大空襲では、大阪市民の約50万人が被災した。着の身着のままで焼け出された人たちにとって、花園町駅に運び込まれていた食糧や毛布などの大量の物資がどれだけ役に立ったことだろうか。

言うに及ばない。

佐藤栄作がなぜ、大空襲があることを知っていたのだろう。
・最高機密情報をどこからか手に入れていたのか。
・当てずっぽうで伝えたことが、たまたま当たっただけなのか。

いまとなっては本人から確かめようがない。

謎の救援電車の解明からは少しはずれてしまうが、松本は「佐藤栄作の空襲予告」について調べてみることにした。

関係者が亡くなっていることと、公文書や記録がほとんど焼却処分されていることで、真相を突き止めることはできなかった。ただ、当時のさまざまな証言などを検証することで、いくつかの可能性を推察することができた。

陸軍も海軍も、サイパン島陥落《かんらく》後は日本本土への空襲は必至とみていた。マリアナ基地の米軍機の動きについて、情報収集と分析《ぶんせき》を試《こころ》みていた。

ただ、情報収集といっても、米軍の暗号は解読できていなかったし、マリアナ基地にスパイを送り込んでいるわけでもない。米軍の無線通信を傍受《ぼうじゅ》しても内容はわからなかった。元通信兵が手記のなかでこんなことを書き残していた。

米軍の無線の内容は解読できなくても、無線通信の量が急に増えたり、急に減ったり、複数の電文のなかに同じ言葉が何回もくり返されている程度のことは、傍受さえしていればわかる。

特に大規模な作戦に入るときや、大部隊を移動させようとするときには、ふだんとは違う無線交信になる。通信兵はこうした「ふだんとは異なる米軍の無線交信」を詳細に報告していたという。

3月10日未明には東京で大空襲があり、12日未明には名古屋で大空襲があった。マリアナ基地の米軍の無線交信は、それまでとはまったく異なったものだっただろう。

次のターゲットとなる都市までは特定できなかったが、14日未明に西日本の大都市が狙われている程度のことはわかっていたのではないか。鉄道という重要インフラを統括する佐藤に「極秘情報」として伝わっていてもおかしくない。

一方で、まったくの「当てずっぽう」だった可能性もあった。

「東京、名古屋と１日おきに大空襲があったから、また１日おいて大阪が襲われるのではないか」

米軍の無線交信の分析というような面倒くさいことがなくても、国民のあいだでは普通にささやかれていたことだった。

名古屋で働いていた大阪出身の男性は、３月12日未明の名古屋大空襲に遭遇《そうぐう》した。それまでの空襲とはまったく規模が違う。前々日には東京で大空襲があったと聞き、次は大阪に来襲するにちがいないと確信した。

大阪の家族のことを心配した男性は、「一刻も早く大阪から離れろ」と伝えようと、とるものもとりあえず近鉄電車を乗り継いで大阪を目指した。14日の朝に大阪・上本町《うえほんまち》にたどり着いたが、大阪の街はすでに焼け野原になっていたという。

何も知らされていない庶民《しょみん》でさえ、こんな行動に出た。佐藤が「次は大阪の可能性が高い」と予想したとしても不思議ではない。

「念のために」との意味を込めた空襲予告だったかもしれない。

松本が「佐藤栄作の空襲予告」にこだわったのは、救援電車の運行と深くかかわっていると考えたからだ。

心斎橋変電所に「今夜は送電を止めるな」と指示したのは、佐藤の空襲予告が原因ではなかったのか。

空襲の被害が大きければ、地下鉄を動かす必要が出てくるかもしれない。被災者を運ぶことまで考えたとは思えないが、防空要員や軍人などの輸送、緊急物資の搬送などに、急に電車を運行することがあると考えたのではないか。

松本は、なぜこの日に限って「送電を止めるな」と指示が出ていたのか不思議に思っていた。まるで大空襲があるのを知っていたかのような指示だったからだ。

しかし、佐藤が交通局幹部に空襲を予告していたとすれば、辻褄《つじつま》が合う。もし佐藤の予告がなければ、いつもと同じ措置《そち》として、変電所は地下鉄への送電を止めてしまっていたにちがいない。

送電が止められていたら、当然、救援電車は走っていなかった。地下鉄の駅構内への避難も厳しく制限されていたかもしれない。

さらにたくさんの命が失われていただろう。

## 車庫は「駅」、検車場も「駅」

いまでは信じがたいことだが、戦時中の大阪の地下鉄には、車庫も、検車場もなかった。駅のホームが車庫で、駅の片隅《かたすみ》が修理工場だったことはあまり知られていない。梅田―天王寺は市街地の地下を通っていたため、大規模な車庫や検車場をつくることはできなかった。天王寺からの南進工事を進めて、第一期工事がすべて完成した時点で車両基地もできあがる計画になっていた。

１９４１年の日米開戦後も天王寺からの南進工事は進められ、車両基地の建設も急がれたが、資材不足の影響で１９４３年に中断した。

第1章で触れたように、大阪の地下鉄は開業当初から、10両編成でも運行できる長大なプラットホームが造られていた。戦時中は3両1編成で運行されていたうえ、敗戦時は在籍車両計45両のうちまともに運転できる車両は18両にすぎなかった。

駅を車庫代わりに使って留置しても、大きな支障はなかった。

戦時中、梅田駅のホームの半分は仮設の検車場だった。乗客はホームで電車を待ちながら、検車作業を見ることができるなどといえば夢があるが、現実は厳しいことばかりだった。

照明は暗い。

湿度は高い。

スペースはない。

粉塵《ふんじん》はたまりやすい。

これでは満足な修理も定期点検もできなかっただろう。もっとも、資材不足で修理したくてもできない車両が続出してはいたが……。

不足する部品に、不十分な整備環境。

当時の運転士はこう振り返る。

「完全な車は1両もなかった。この車はブレーキが利きにくい、この車はモーターの具合が悪いといったものばかり。それぞれの車の欠陥を補えるように3両編成にして、だましだまし運転した」

ブレーキの利き方が安定せず、停車する予定位置を大幅に行き過ぎてしまうなどということが頻発《ひんぱつ》したらしい。

割れた窓ガラスが交換できず、紙を貼りつけたり、ベニヤ板を当てていたというのは序の口だったようだ。

鋼材が調達できないので、木材や竹で応急処置をしたことがあったらしいが、本当に代用できたのかどうか疑問だ。

「エアブレーキのゴムホースのストックがなくなったので、水道のホースや消火用のホースを代用して使った」

という話を聞いた松本は、本当のようなウソの話だと思っていた。

しかしこれは、ウソのような本当の話だった。ただ、すぐに破裂《はれつ》して粉々に飛び散ってしまったという話のオマケつきだが。

皮肉なことだが、車庫も検車場もすべて地下にあったことが幸いした。大空襲の直接の被害を受けなかった。

地上が猛火に襲われている中で救援電車を走らせることができただけではなく、その後も空襲前と遜色《そんしょく》ない運行をつづけることができた。

市電は多くの車両基地が壊滅的な打撃を受けたため、復旧に多大な時間がかかった。運行できる車両が極端に少なくなり、そのまま休止路線になるところが相次いだ。

それに対して地下鉄は、空襲による直接の被害を受けることなく、運行をつづけることができた。焼け野原の地上から地下に入った被災者には、文字どおり力強い希望の光に見えたことだろう。

## 巨大備蓄倉庫だった地下鉄の駅

戦時中の大阪の地下鉄の駅は忙しかった。

電車が発着するだけではない。車庫や検車場の役目をになったうえに、非常用品の一大備蓄倉庫だったからだ。

当時、立命館大学に在籍し日本電池に学徒動員中だったという男性が、心斎橋駅にかかわる情報としてこんな貴重な証言を寄せた。

男性は、心斎橋駅にほど近い南区（現中央区）竹屋町《たけやまち》に住んでおり、父親が米穀商《べいこくしょう》を営《いとな》んでいたという。心斎橋駅の北側は、食糧営団（食糧の配給などを統制するために設けられた特殊法人）の備蓄倉庫として使われていた。

「父は長年、米穀商を営んでいましたが、戦時中は食糧営団に統合されていました。当時の心斎橋駅は北側の出入り口が完全に閉鎖されていて、営団の食糧備蓄庫になっており、地下鉄への乗降は大丸百貨店側の出入り口のみでした」

「備蓄庫には米や乾パンなどが保管されていました。70歳だった父は、毎日夕方から翌朝まで警備の仕事をしていました」

「3月14日未明の大空襲の折、私は父の安否が心配で心斎橋駅に駆けつけました。たぶん午前5時頃だったでしょう。一番電車が動いていました。父が『地上は焼け野が原でも地下鉄は偉大なものだ』と話していたのをいまでも思い出します」

最も大規模に使われていたのは本町駅だったようだ。

しばらくは駅の一部に非常用食糧を保管していたが、備蓄倉庫として全面的に活用するため１９４５年６月に閉鎖され、乗降客の取り扱いをやめてしまった。

難波駅の監督をつとめていた伊藤秀雄は「本町駅のシャッターは長いあいだ閉めたまま

で、地下鉄は止まらずに通過していました。中階などを非常用食糧の貯蔵庫として使っていたためです。盗難防止のためにときどき見にいきました」と証言した。

敗戦後もしばらく、電車は本町駅を通過していた。

このほか、大国町駅の北側は乾パン・ビスケットの倉庫として、花園町駅は調味料の倉庫として使われていた。

また淀屋橋駅の一部は、非常用食糧の倉庫になっていたほか、疎《そ》開《かい》荷物の保管場所にもなっていた。

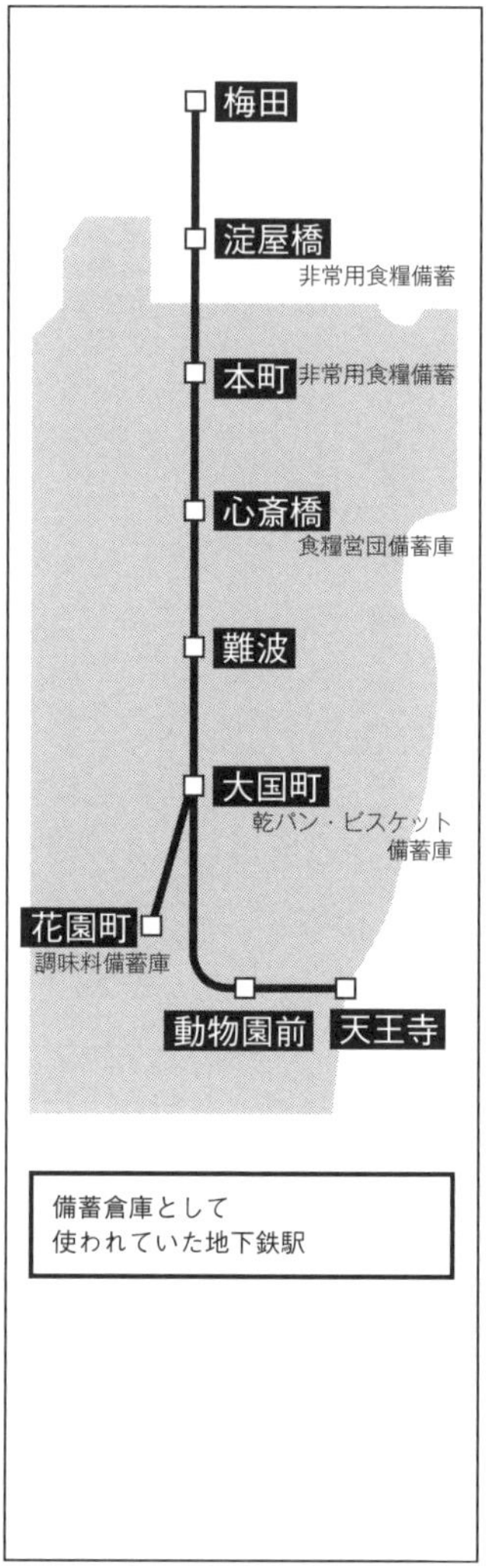

梅田、難波、天王寺といった拠点となる駅以外は、ほとんどが備蓄倉庫として使われていたことがわかる。大阪市の地下には、地下鉄駅を利用した巨大な備蓄倉庫が広がっていた。

地下鉄駅は空襲の被害をほとんど受けていない。地下の備蓄庫から放出された食糧や日用品は、焼け出された人たちをどれだけ励ましたことだろう。

## やっぱり横暴だった軍人

猛火に追われた被災者を駅構内に誘導した憲兵がいたと聞くと、「軍人は強面《こわもて》で横暴な人ばかりではなかった」と思ってしまう。

しかし、横暴な軍人は確実にいた。戦時中の地下鉄は、大阪市内の中心部を結ぶ生命線だっただけに、権威を振り回して意のままにしようという軍人が少なからずいたようだ。

### ▼死体を上げてただちに運転しろ

大阪大空襲の翌日の１９４５年３月15日朝。

まだ街に残り火がくすぶり、遺体の多くがそのまま放置されていた。行方不明の家族を探したり、焼け出されて地方へ疎開しようとする被災者で混雑する地下鉄で起こった出来事を紹介する。

淀屋橋駅のホームはごった返していた。

大阪市内の市電はほぼストップしていた。道路上に散らばっていた瓦礫《がれき》はまだ撤去されていなかった。唯一まともに動いている地下鉄に市民が殺到した。

そんな混雑のなかで、ホームから落ちた女性が電車とホームにはさまれて即死する事故が発生した。

駅員は急いで警察に連絡しようとした。しかし前日の空襲の影響で、電信電話線は不通になっていた。近くの警察署に人を走らせたが、すぐに警察官が駆けつけられるわけではなかった。

駅員が右往左往するなか、海軍の兵曹長《へいそうちょう》が通りかかった。

「何をしてるんだ」と一喝《いっかつ》した兵曹長はこう言い放った。

「俺が責任を持つ。死体を上げてただちに運転しろ」

ホームと電車にはさまった遺体を引き上げると、電車の側面についたなまなましい血糊《ちのり》を拭《ふ》き取ることもなく、電車は出発した。

運行がストップしたのは数分間。全線で遅れが出ることもなく、地下鉄は運転がつづいた。

警察の検視や現場検証はおろか、警察への通報さえできていないのに、遺体を引き上げると同時に運行を再開した。鶴の一声ならぬ、たまたま通りかかった「兵曹長の一声」だ。

もっと驚くのは、この一件を報道した後日の新聞記事だ。

「空襲で混乱する地下鉄の運行をすみやかに再開させた措置だった」と称賛している。

猛火に追われた記憶は前日のことだ。街の中には、空襲で亡くなった多くの遺体がまだそのままだった。生命に対する感覚が摩耗《まもう》していたのか。

悲しい淀屋橋駅の出来事だった。

### ▼急いでいるから駅を通過しろ

森下《もりした》ひさのは当時17歳で、地下鉄の運転士をつとめていた。

忘れられない出来事があったという。難波駅で乗務交代して、天王寺行きの電車を運転したときのことだ。

陸軍の軍曹《ぐんそう》が乗ってきて、運転台のすぐ後ろに立った。兵士はひどくあわてた様子で森下に、

「いまから信太山《しのだやま》（和泉市《いずみ》）の本隊に帰営する。次の天王寺発の電車に乗らなければ帰営時間に間に合わない。途中の大国町と動物園前は通過してほしい」

と言ってくるではないか。真剣な表情だった。

「あなたに迷惑はかけない。上司には後で私のほうから事情を説明する」と畳みかけてきた。だが、指令の了解もなく勝手にできるわけがない。

森下は「そんなことできない」と断った。

いらだってきた軍曹は「責任は私がとる。急げ」と言う。

大国町駅が近づいてきた。

森下は判断できずに困ったが、意を決して通過した。

次の動物園前駅では出発信号が赤だった。

「通過してくれ」という軍曹に対して、「赤信号は無視できません」と頑張った。

なんとか動物園前駅には停車した。

天王寺駅に着くと、何人かの乗客が運転台に来て「どうして大国町に止まらなかったのか」と抗議にきた。とっさに思いついた言い訳をしたが、軍曹のことは話さなかった。上司にも報告しなかった。

ところが後日、軍曹からお礼の電話があり「先日は帰営時間に間に合った」と謝意を述べたため発覚した。

上司は「女性にしてはええ心臓をしてるなあ」と感心したという。

17歳の少女にとって、兵隊さんは「怖くて遠い」存在だったにちがいない。拒否できるはずがなかった。

それでも赤信号を無視してまで電車を走らせることは、断固として拒否した。「赤信号は無視できない」という言葉が頼もしくもあり、悲壮《ひそう》でもある。

# 第5章　戦争に翻弄された少年少女たち

## 乗客、車両を命懸けで守った10代の職員たち

安藤が元職員に面談し、聞き取り調査をはじめたのは「謎の救援電車」の解明のためではない。戦時中から敗戦直後にかけての最も厳しい時代に、市民の足を守った人たちの記録を残しておこうと考えたからだ。

運転士、車掌《しゃしょう》、駅の出札員や改札員のほか、信号員、車両の保守点検や電気設備の管理にあたった技術者など、さまざまな職場で奮闘《ふんとう》した人たちが対象だった。

聞き取り調査を進めていくなかで、戦時中の大阪の地下鉄や市電を支えたのは、10代の少年少女たちだったことが浮き彫りになっていった。

地下鉄や市電に限らず、戦時中の都市部の交通機関を10代の子どもたちがになっていたことは安藤も知っていた。しかし、実態は「になっていた」というような、なまやさしいものではなかったことがわかってきた。

警報が出たら、乗客を安全な場所へ避難させせなければならない。そして空襲になれば、車両を守らなければならなかった。

文字どおり、命懸けだった。

車両の部品は慢性《まんせい》的に不足していて、整備は十分にできていなかった。突然ブレーキの利きが悪くなるような車両を、だましだまし運転しなければならず、緊張感は並大抵ではなかった。

そんな厳しい環境下、命懸けで働いていたにもかかわらず、当時の少年少女たちの記録はほとんど残っていなかった。証言を集めるために消息をたどろうとしたが、多くの人たちの所在をつかむことができなかった。

理由はいくつかあった。

敗戦直後に、ほとんどの公文書が焼却されてしまった。

学徒動員や臨時採用で働いていた人が多く、出入りが激しかったことから、周囲の人たちの記憶があいまいだった。

そして、戦地から戻った正規職員の復職にともない、多くの少年少女たちがある日突然解雇されていた。敗戦直後の混乱期で、そのまま行方不明になってしまった人が大勢いた。

安藤は、記録に残らず、記憶からも消えつつある少年少女たちの足跡を、できる限り残

写真14　敗戦時の大阪市営地下鉄の乗車風景

すことが使命だと考えていた。

「もしかすると、救援電車を運転していたのは10代の子どもだったかもしれませんね」

安藤が、ふと漏《も》らしたことがあった。

戦時中の地下鉄を10代の少年少女が命懸けで支えていたことを安藤から聞かされていた松本は、思わず「その可能性はとても高いと思います」と答えた。

男性の正規職員がほとんどいなくなった職場では、たとえ10代の少女でも、大人の男性職員と同様に泊まり勤務に就いていたし、満員の電車を運転していた。むしろ10代の少年少女が救援電車も運転していた、と考えるほうが自然なくらいだ。

松本の脳裏には10代の駅員たちの姿も浮かんできた。

「駅の構内に被災者を避難させた駅員も10代の子どもだったんじゃないでしょうか。自分の親兄弟と同じ年齢の人たちが、猛火から逃れようと必死で懇願《こんがん》するんです。〝規則だからダメです〟なんて言えませんよ」

安藤も松本も、10代の少年少女たちの記録を残しておく重要性を再確認した。

## 空襲下、路上の市電内にとどまった少年運転士

安藤が相談したのは、大阪交通労働組合の退職者会で会長をつとめていた花房信夫だった。組合活動に取り組み、大学で教鞭《きょうべん》をとったこともある花房は、安藤の意をくみ取って奔走《ほんそう》してくれた。

その花房自身が、戦時中は10代の市電運転士だった。

安藤の聞き取り調査は、花房からはじまった。

花房は1942（昭和17）年、15歳で運転士になった。

応召《おうしょう》や徴用《ちょうよう》で成人の男性職員が次々と職場を去っていた。同僚の運転士も、相方の車掌も、ほとんどが10代だった。

花房がおもに担当していたのは、大阪駅―築港《ちっこう》（大阪市港区）間。国鉄大阪駅と大阪港を結ぶ大阪市電の幹線の一つだった。１９４５年3月14日未明の大阪大空襲では、花房が運転していた沿線のほとんどが焼け野原になってしまった。

少年少女たちはどのように格闘したのだろうか。

花房の記憶をたどってみよう。

地下鉄と同様に市電も資材不足が深刻だった。破損したり故障しても、応急処置さえままならなかった。

「窓ガラスはあるほうが珍しかったですよ。運転台の下に板を張って、運転士の前だけガラスをはめていました」

不足していたのは資材だけではなかった。

「サメ皮製の靴が支給されました。しかしこの靴は、雨の日が何日かあるとぱっくりと口を開けてしまう代物《しろもの》でした。禁止されていた草履《ぞうり》や下駄《げた》で運転することもありました」

「寒さの厳しい冬場の運転はことさらこたえました。あちこちからすきま風が入ってきます。すきまに新聞紙を詰めて、足踏みしながら運転しました」

故障しても修理できない車両が続出した。車両はいつも足りなかった。１系統をたった１台の車両が往復するだけ、という路線さえ出てきた。なんとか車両を長持ちさせようと、花房たちは知恵を絞《しぼ》らざるをえなかった。

「モーターへの負担を少しでも軽くして、使用電力も節約しようと考え出したのが〝シリス運転〟でした。市電の車両には、前と後ろとモーターが２つあります。一つは休ませて、もう一つだけで運転して、モーターの寿命《じゅみょう》を延ばそうというものでした」

おかげで時速はせいぜい20キロぐらい。惰力《だりょく》を使ってスピードを少しでも上げようと工夫を凝《こ》らした。

乗客も少年少女たちには優しかった。

「出勤時間になったら出ていって、車両があったら乗務するような感じでした。それでも、『乗せてもろたらそれでけっこうや』と言うて、お客さんから文句は出ませんでした」

電球も慢性的に不足していたので、日が暮れると車内は真っ暗になった。月明かりや星明かりで運転しなければならなかった。

「断線（架線《かせん》切れ）があっても、真っ暗だから全然わからんまま突っ込んでしまいます。ものすごい火花が飛んで音がしました。お客さんに電車を押してもらったことが何回もありました」


空襲警報が発令されると、ただちに運転を止めて、乗客と少女の車掌を近くの防空壕《ぼうくうごう》に避難させた。運転士は、道路の真ん中に止めた市電の中に一人でとどまった。

夜間は、座席のシートを床に下ろしてそこに毛布を敷いて寝た。何があっても車両を死守しなければならなかった。

「猛火から電車を守ろうとして命を落としたり、大やけどを負った少年もいました。みんな強い使命感をもって仕事をしていましたから、逃げるなんて考えませんでした」

と花房は顔を曇《くも》らせた。


花房が鮮明に覚えているのは、8月15日正午のことだ。

「天皇陛下の重大放送がある」というので、肥後《ひご》橋の交差点を曲がって朝日新聞社前（北区中之島《なかのしま》）で電車を止めた。降車した乗客とともに拡声器から流れる放送を聴いた。何を言っているのかよくわからなかった。

玉音放送が終わっても静寂がつづいたが、乗客の一人が隣の人に「戦争終わったんでっか」と尋ねた。

隣の人はポツリと「そうみたいですな」と答えただけだった。

花房はようやく放送の中身がわかった。

頭の中で「戦争終わってしもたんや」とくり返した。

ふたたび運転台に乗り込んだ。唇《くちびる》をかみしめたまま、大阪駅に向けて運転をはじめたという。

## 「こんな小さい子どもが運転して大丈夫かいな」

いくら研修を受けているといっても、身長が１５０センチ足らずの10代の女の子がマスターコントローラーを握《にぎ》っているのを見ると、「こんな子どもがホンマに動かせるんか」

と思う乗客が少なからずいたにちがいない。

地下鉄の運転は、やはり車体が大きすぎた。

乗用車の運転さえしたことがない子どもが、突然数百人が乗っているような電車を運転させられたわけだから、少年少女たちの戸惑いや不安は容易に想像できる。


森下ひさのは、前章で登場した地下鉄運転士である。乗客の軍曹に「急いでいるから途中駅を通過してくれ」と依頼されて、停車駅を飛ばして運転したが、赤信号では頑張って停車した少女だ。

地下鉄の女性運転士は10人ぐらいいたが、17歳の森下が最も若かった。

最初は地下鉄の車掌でスタートしたが、1年足らずで運転士になった。1ヵ月間の研修につづいて、現場実習を1ヵ月受けただけで、地下鉄の運転をはじめた。教育期間はわずか2ヵ月だった。

運転のために何か特別な研修があったわけではない。森下は「電車の運転は怖かった」と語る。乗客からは「こんな小さい子どもが運転して大丈夫かいな」といわれたことがあった。

写真 15　当時の 100 形電車の運転席

「勤務は男性とまったく同じでした。泊まり勤務もあったし、早出勤務、遅出勤務もありました。遅出勤務は午後２時頃から11時頃までの勤務で、最終電車に乗って帰宅しました」と話し、たとえ10代でも、少女でも、特別扱いはなかったことがわかる。

天王寺駅を出発すると動物園前駅までゆるい下り坂がつづく。故障しても満足な修理ができず、整備も不十分だった車両のブレーキは利きが悪かった。

森下は「坂を下って動物園前駅で停車させるのは本当に難しかった」と話し、「戦後50年以上過ぎても、ブレーキ操作を間違って赤信号を突破してしまう夢を見ました」と苦笑した。

敗戦となり、出征《しゅっせい》していた男性の運転士が復員してくると、森下は車掌として乗務することになった。運転士として乗務したのは1年ほどだった。

やがて、男性の乗務員の定数が充足すると、車掌から駅の出札員に異動になった。

「当時は、男子が復員して人数が足りてくれば、乗務をはずれるのは当然と思っていましたから」と森下はいう。

結局、森下は、空襲が激しさを増した戦争末期に運転士をつとめ、敗戦直後の混乱期に車掌として乗務したことになる。

地下鉄が最も厳しい時代に、運行を支えつづけた一人だった。

## ノミのいる座席に新聞紙を敷いて仮眠した少女駅員

それでも運転士にはまだ、戦場から復員してきた20代以上の正規職員が少なからずいた。ところが、駅員となると、ほぼ全員が10代の少年少女だった。

国民学校の高等科を卒業したばかりの14歳や、あどけない顔つきで小学生にしか見えない15歳が、いら立って怒声《どせい》を浴びせる大人を相手に奮闘していた。

安藤は松本に「当時の14～15歳は、いまよりもっと幼く見えたんやないですか。大人が言うこと聞きますかいな」と苦笑いしながら話したことがあった。

田中喜美子《たなかきみこ》は１９４４年に15歳で駅務員になった。

梅田駅での勤務となり、定期券の販売や出札、改札などを担当した。ほとんどが泊まり勤務で、最初のうちは宿泊所に泊まりにいっていたが、空襲が激しくなると駅で寝泊まりするようになった。

「駅のホームに留め置きしてある電車の中で、新聞紙を敷いて寝たこともありました。ノミがいて、新聞紙を敷かないと座席の上にじかに寝ることができませんでした」という。

梅田駅の駅長室には憲兵の詰め所があって、いつも2～３人の憲兵がいた。椅子に座っているのではなく、いつも構内を歩き回っていたようだ。

「憲兵に飴《あめ》や食べ物をもらった記憶があります。でも憲兵には関心がなかったので、駅で何していたのかわかりません」と当時を振り返った。

３月14日未明の大阪大空襲のときは泊まり勤務だった。

駅員では最も若く、女性だった田中は、梅田駅の南端にあった信号室に避難するように指示された。ずっと信号室で過ごしていたため、当夜のくわしい状況はわからないという。翌朝は午前8時半頃に勤務が終わったので、御堂筋を歩いて帰宅した。淀屋橋を過ぎてしばらくすると、目の前に突然、一面の焼け野原が広がった。まだ熱気を含んだ余燼《よじん》が漂っていた。田中にとってはあまりに衝撃的な光景だった。

## 10代の乗務員には過酷な現場

松本は一度、安藤にこんなことを言ったことがあった。

「整備の行き届いていない電車を、10代の乗務員がこわごわと運転して、ダイヤはあってないがごとし。警報が鳴るたびに逃げ回らなければいけない状況で、よくぞ大事故が起こらなかったものですね」

「たとえ事故があっても報道されなかっただけじゃないですか」と安藤は答えていた。

そして安藤の推測どおり、大きな事故は起きていた。

10代の少年、少女たちは一生懸命に、市電を動かし、地下鉄を運転した。しかし、少年少女たちのやる気と努力だけでは、物資不足や整備不良をカバーすることはできなかった。

大阪大空襲から１ヵ月あまりたった４月28日。

朝のラッシュ時の地下鉄でのことだった。

大国町―難波間を走っていた車両のボヤが原因でパニックが発生し、１人が死亡し、２００人が負傷する事故が起きてしまった。

ボヤ自体は車両の下部を焦《こ》がす程度で、車体が燃え上がるような火災になったわけではない。10代の運転士と車掌が乗客への誘導に手間どってしまったことが、事故を大きくしてしまった。

４月28日午前8時15分頃。大国町―難波間で、天王寺発梅田行きの先頭車両の床下にあった集電装置から出火した。

電車はトンネル内で停車し、車内に煙が充満した。朝のラッシュ時で満員だった４両編成の車内はたちまち騒然とした。

人々の脳裏には、１ヵ月あまり前の大空襲の悪夢がよみがえったのだろうか。煙や焦げ臭いにおいには敏感になっていたのかもしれない。乗客の一部が外へ逃れようと窓ガラスを叩《たた》き割りはじめた。

パニックは新たなパニックを呼ぶ。

「このままでは蒸し焼きになってしまう」と、叩き割ろうとした窓に乗客が殺到してしまった。

ガラスの破片で血を流す人。

殺到する人に踏みつけられる人。

そして、線路に飛び降りた乗客は、真っ暗なトンネル内を右往左往する。

そこへ対向電車が走ってきた。

急ブレーキをかけたが間に合わず、21歳の女性が即死した。病院に運ばれて手当てを受けた負傷者は88人。軽いけがをした人は100人を超えた。

ボヤはまもなく消えた。電車の台座部分が1・5メートル四方で焦げただけだった。

原因は集電装置の整備不良だった。

地下鉄に限らず、トンネル内での事故は鉄道事故のなかでも最も大事故につながりやすい。地下鉄の場合は、軌道わきに第三軌条《きじょう》が通っていて、高圧電流が流れている。トンネル内では決して乗客を線路上に出さないというのが鉄則だ。

瞬時の判断が求められ、即座に行動に移さなければならない。

10代の乗務員にはあまりにも過酷《かこく》な現場だった。

## 卒業式の前夜を襲った大空襲

1945年3月14日は、大阪市内の国民学校の卒業式だった。

3月初めには、学童疎開《そかい》していた6年生の子どもたちが、大阪に戻ってきていた。前日の13日には、約半年ぶりに学校へ登校し、予行演習をして翌日の式典に備えていた。

米軍のB29爆撃機は、そんな日の夜に大阪を襲った。

6年生の子どもたちにしてみたら、わざわざ大空襲に遭《あ》うために大阪に帰ってきたようなものだ。多くの子どもが命を落とし、多くの子どもの卒業式が消えてしまった。

松本は「消えた卒業式」の話を聞いたことがあった。

空襲の猛火の中を、あやうく命を落としそうになりながら避難した小学6年生がいた。

着の身着のまま、炎を避けるためにかぶっていた布団がひとつかみの綿になっても、翌日の卒業式で読み上げる答辞の巻紙だけは肌身離さずに持ちつづけていたという。

救援電車にからんで寄せられた手記のなかにも、当時6年生だった被災者からの証言がいくつかあった。しかし、自宅が焼け、街が焼けたショックは、卒業式がなくなった悲しさをはるかに超えていたのだろう。卒業式に言及したものは少なかった。

救援電車とは直接かかわりがないと、紙面に掲載する機会も逸《いっ》してしまった。

松本はよけいに痛々しさを感じた。

卒業式が消え、学校が消えても、焼け野原の地下では力強く電車が走っていた。

## じろじろ見られた煤だらけの顔

松田光子は集団疎開していた滋賀県から大阪に戻ったばかりだった。

自宅は、心斎橋駅の西100メートルほどのところにあった。父親は出征していて、母親、国民学校1年生の弟との3人暮らしだった。

翌日の卒業式の準備をすませたところで警報が出た。近所の人たちと自宅前の道路沿いにあった防空壕に避難した。

西のほうから猛火が迫っていた。「このままでは焼け死んでしまう」と御堂筋へ逃げた。御堂筋は避難した人であふれていた。大丸百貨店は上階から煙が出ていた。このままとどまっていては危険だった。

そのとき、トラックの荷台に乗って南へ走っていく兵士が「北のほうへ行け」と教えてくれた。３人はひたすら、北へ、北へ。

風向きが変わるたびに、大量の火の粉が飛んできた。お互いに体についた火の粉を消しながら北へ向かった。北御堂《きたみどう》は木まで真っ赤に燃え上がっていた。

疲れ果てた3人は、地下鉄の本町駅の出入り口に座り込み、北御堂が燃えているのを見ていた。しばらくすると、地下から「ゴーッ」という音が聞こえてくるではないか。

松田は「電車が動いたと言われました。午前5時過ぎだったと思います。ホームに下りると本当に電車が動いていていました。満員ではなかったと思います。私たちはすぐに乗って梅田まで行きました」と話した。

松田の記憶に強烈《きょうれつ》に残っているのは、自分たちのことをじろじろ見ていく人たちだ。

「煤《すす》で顔は真っ黒でした。そして避難のときに持ち出した夏布団を肩からかけていました。

梅田でじろじろと見られました。阪急電車で京都まで向かったのですが、そこでも、みんなが私たちを不思議そうに見ていました」

空襲がなければ、ほぼ同じ時間帯に、卒業の晴れの姿を家族や恩師に見せていたはずだ。晴れの姿を見せる機会は永久に失われてしまった。

じろじろ見られたのは、炎と煙に一晩中攻められて疲れ果てた姿だった。

## 火勢にあおられ人が次々倒れていった

帝塚山《てづかやま》学院初等科6年だった松村登美子の体験を紹介しよう。

松村は当時、心斎橋駅の東数百メートルに住んでおり、1週間前に疎開先から帰ってきたばかりだった。

先にとり上げた松田光子と、住んでいた自宅は近かったし、避難の経路も、避難の方法もとても似ていた。心斎橋駅近くの自宅で被災し、その後猛火に追われるように御堂筋を北上し、最後は本町駅から地下鉄で逃げ延びていた。

自宅は、四方から火が迫ってきて、周囲を猛火に囲まれてしまった。最初は、長堀川《ながほりがわ》の土手で、防空頭巾《ずきん》に川の水をかけて火の粉を防いでいた。

しかし、そのうち橋が炎上しそうな火勢となり、御堂筋まで避難した。

「御堂筋に出たところにあった地下鉄の出入り口は、シャッターが閉まっていました。心斎橋は火の海。逃げ惑う人であふれていました。火勢にあおられ、次々と人が倒れていきました」と話す。

松村は御堂筋を北へ、北へと避難した。

心斎橋駅のシャッターは閉まっていたが、本町駅はなぜかシャッターが開いていて構内に入ることができた。

「本町駅で地下鉄が動いていることがわかりました。それに乗って天王寺まで逃げて、親《しん》戚《せき》の家にたどり着くことができました」

そして、「近くに住んでいた友だちは難波から帝塚山まで歩いて逃げたと聞きました。地下鉄を走らせてくれたのは本当にありがたいことだったと思います」と振り返っている。

## 「これが地獄かなあ」

教師にとっても卒業式は特別な日だったはずだ。

6年間の子どもたちの成長を確かめ、みんなで祝う集大成である。一人ひとりの顔を思い浮かべながら、地下鉄を降りて地上に出てみると……。

前日までの景色が一変、黒とグレーの世界が広がっていた。

受けた衝撃はいかばかりだったか。

当時、大阪市の南部・東住吉区《ひがしすみよし》に住み、心斎橋駅の東数百メートルにあった国民学校に勤めていた女性教諭の述懐《じゅっかい》である。

ニュースを速報するメディアがラジオしかなく、そのラジオも木で鼻をくくったような大本営発表や中部軍管区司令部発表しか流さなかった。

大阪市内がどのような状況になっているのか何も知らないまま、いつものように郊外から通勤してきた人々には、驚愕《きょうがく》だったことがよくわかる。

教諭の自宅には被害はなかった。一晩中、大阪の中心部は真っ赤に燃えつづけていたが、被害の全容はまったくわからなかったようだ。まさか大阪の中心部が焦土《しょうど》と化し、壊滅状態になっているとまでは思わなかったのだろう。

「今日は卒業式」と、定刻に式がはじまることを疑わず、教諭は夜明けとともに自宅を出た。天王寺と和歌山を結ぶ国鉄阪和《はんわ》線が不通になっていたので、線路の上を歩いて天王寺まで出た。天王寺では「地下鉄が動いている」と聞いたので、いつもと同じように地下鉄で心斎橋に向かった。

心斎橋に着いてホームから改札に上がると、煤で顔も服も真っ黒になった子どもたちが「先生」「先生」と呼んで集まってきた。猛火に追われ、駅構内に逃げ込んでいたらしい。

教諭は、あまりに変わり果てた子どもたちの姿に絶句した。

いったい何があったのか。

絞《しぼ》り出すような声で「お父さんはどうしたの？」「お母さんは？」と尋ねたが、その声も涙声になってしまった。

とりあえず学校まで行かなければいけない。

地上に出た。

「あっ、これが地獄かなあ」

そんな言葉が、一瞬頭をよぎった。

大丸百貨店の6～7階の窓から赤い炎がメラメラ出ている。

周囲は真っ黒で人影はなく、不気味な静寂が広がっている。

大きな風呂敷包みがいくつもごろごろと転がっている。

熱気。

悪臭。

目が痛い。のども痛くなってきた。

「私も死んでしまうのではないか」と感じた教諭は、あわてて地下の駅に逃げ込んだ。

教諭は「その後のことはあまり覚えていません。気がつくと夕方の雨の中、天王寺から阪和線の線路上を歩いていました。長く悲しい一日でした」と言葉少なに語った。

## 「子どもたちと本当のお別れになってしまいました」

3月14日には、国民学校の卒業式だけではなく、幼稚園の卒園式も予定されていた。堀江幼稚園（大阪市西区）の保母だった太田綾子も、地下鉄を降りて、地上に出て、初めて焼け野原と遭遇《そうぐう》した。

空襲直後のなまなましい被害を目《ま》の当たりにしたときの衝撃が直接伝わってくる。

卒園式前日の13日、太田は一人ひとりの免状にリボンをつけて、職員室に並べて帰宅した。みんなで卒園式を迎えることに寸分《すんぶん》の疑いも持っていなかった。

その日の夜は、大阪市阿倍野《あべの》区の自宅で防空壕にも入らず、まんじりともしない時間を過ごした。北のほうの空は真っ赤。灯火管制で真っ暗なはずの家の中は白昼のように明るかった。

ラジオは、空襲の被害状況についてはほとんど何も伝えず、「長居《ながい》の高射砲がB29を1機撃ち落とした」と報じただけだった。何の情報も得ることができなかった。

太田は「14日朝はまだ、子どもたちに会えるものと信じていました。式服を着てもんぺをはき、一面の焼け野原になった空襲直後の西区に出かけていくことになったんです」という。

自宅から天王寺まで、国鉄阪和線の線路を歩いた。線路の両側は前夜の残り火が点々としていた。

写真 16　たび重なる空襲で廃墟と化した大阪市内。中央部を左から右に走りＹ字分岐しているのが御堂筋。左端が心斎橋の大丸百貨店付近、Ｙ字分岐が南海難波駅付近（1945 年 10 月 13 日）

心斎橋に着いたのは午前8時過ぎだった。

地下構内より地上に上がったとたん、そこは真っ暗な夜だった。

雨がザーザー降っていた。

突然、何人かの兵隊が銃剣を突きつけてきた。

びっくりして、ふたたび地下に引き返した。

「ほんの少し前の天王寺は、明るい太陽がさんさんと照っていて、太陽の光を浴びて地下に入ったのに……。空襲の現実と恐ろしさを知りました」

心斎橋駅の構内は、避難してきた人たちでごった返していた。

顔を煤で真っ黒にした女学校時代の親しい友人が、太田の元へ走り寄ってきた。

彼女は「結婚して荷物を運んだばかりなのにすっかり……」と泣き崩れた。太田はあまりのショックに、慰《なぐさ》めの言葉をかけることもできなかった。

太田は当時を思い返して、言葉を詰まらせながら話した。

「子どもたちを笑って送り出すお別れができませんでした。いまだに消息がわからないままです。本当のお別れになってしまいました」

次の日からは、煙がくすぶり、異様な臭いが広がるなか、毎日西区役所に通った。そして罹災《りさい》者の連絡や書類作成を手伝った。

太田はつづけた。

「当時私は、被災者とは逆に（心斎橋から乗って天王寺や梅田に行くのではなく）天王寺から乗って心斎橋で降りました。戦時中のことで、たとえ空襲があっても自分のつとめは遂行《すいこう》した時代です」

「その日も地下鉄は、ちゃんと私の通勤を遂げさせてくれたのだと思っています」

# あとがき

見るたびにやり切れなさを感じる名簿がある。

「大阪空襲死没者名簿」

この名簿には、約9000人の名前が記されている。太平洋戦争の末期、大阪を襲った米軍機の空爆で犠牲《ぎせい》になった人の名前は、この名簿で確認するしかない。

政府が発表したものでも自治体がまとめたものでもない。大阪城公園にある「ピースおおさか（大阪国際平和センター）」が数十年にわたり、細々と調査をつづけてまとめた。

わずかな手がかりを頼りにようやく探し当てた名前。

新聞記事や出版物を丹念《たんねん》に調べて判明した名前。

たび重なる呼びかけにようやく遺族が明かしてくれた名前。

名もなき犠牲者の無念が凝縮《ぎょうしゅく》されている。

あるページに３人の「名前」が記されている。

山田○○　国民学校　男
山田○○　国民学校　男
山田○○　40歳　女

山田さんの母子３人だろう。
戦後何年たっても、母親は「山田○○　40歳」、子どもは「山田○○　国民学校生」のままだ。時代はめぐり、時が移っても、生きた証《あかし》は「○○」でしか残すことができない。

別のページには5人の「名前」が記されている。

佐藤（ムッちゃんの母）
佐藤（ムッちゃん）６歳　女
佐藤（ムッちゃんの兄弟姉妹）
佐藤（ムッちゃんの兄弟姉妹）

## 佐藤（ムッちゃんの兄弟姉妹）

佐藤さんの「ムッちゃん」と呼ばれる6歳の女児の一家5人。

名前や年齢どころか性別さえこの世に残すことなく亡くなっていった幼児がいた。

名簿はいまも、無限の問いかけをつづけている。


本書に登場するのはほとんどが無名の庶民《しょみん》である。一つ間違えれば、「〇〇」や「ムッちゃんの兄弟姉妹」になっていたかもしれない。

だからこそ、次の世代に伝えなければならない記録であり、「空襲伝説」などと呼ばれる幻《まぼろし》の物語のままにしてはならない。

猛火に追われた人たちが、どんな思いで救援電車に乗ったのか。

地下鉄の職員は、どんな使命感を抱《いだ》いて被災者を運んだのか。

救援電車を単なるドラマチックな話で終わらせることなく、その裏側に込められた多くの無名の庶民の問いかけに、ぜひ耳を傾けてほしい。

最後になりますが、出版に向けて励ましつづけてくださった古屋信吾編集長、拙稿の編集にご尽力いただだいた松浦早苗さんに心から感謝申し上げます。

坂夏樹《さかなつき》

## 写真提供

◎写真 1、13、15：ウィキペディア「大阪市電気局 100 形電車」
https://ja.wikipedia.org/wiki/%E5%A4%A7%E9%98%AA%E5%B8%82%E9%9B%BB%E6%B0%97%E5%B1%80100%E5%BD%A2%E9%9B%BB%E8%BB%8A
◎写真 2、3、6、7、8、12、14：大阪市高速電気軌道株式会社（Osaka Metro）
◎写真 4、5、9、16：毎日新聞社
◎写真 6、11：ピースおおさか　大阪国際平和センター
◎写真 10：米国戦略爆撃調査団文書

**著者略歴**

一九六一年、大阪府に生まれる。大阪、京都、兵庫、愛知、山陰などでの勤務経験がある全国紙の元記者。大阪では、行政や選挙をメインに取材、京都では、警察、司法、行政などを主に担当した。一方で、バブル経済期の闇社会の実態に迫る特命取材にたずさわったほか、平和問題や戦争体験、人権問題を取材テーマにした。

著書には『千二百年の古都 闇の金脈人脈』（さくら舎）がある。


# 命《いのち》の救援電車《きゅうえんでんしゃ》
——大阪大空襲《おおさかだいくうしゅう》の奇跡《きせき》

二〇二一年一月八日 第一刷発行

著者 坂《さか》 夏樹《なつき》
発行者 古屋信吾
発行所 株式会社さくら舎 http://www.sakurasha.com
東京都千代田区富士見一-二-一一 〒一〇二-〇〇七一
電話 営業 〇三-五二一一-六五三三 FAX 〇三-五二一一-六四八一
編集 〇三-五二一一-六四八〇 振替 〇〇一九〇-八-四〇二〇六〇

装丁 石間 淳
図版制作 朝日メディアインターナショナル株式会社
印刷・製本 中央精版印刷株式会社




ISBN978-4-86581-279-4